NOSOTROS,
LOS HOMESCHOOLERS
REALIDADES, MITOS Y LEYENDAS

Joan Escriu

Copyright © 2015 Joan Escriu

Barcelona

jescriu.wordpress.com

@jescriu

Todos los derechos reservados. Queda prohibida la reproducción total o parcial de esta obra, incluida la cubierta, ya sea por medios mecánicos o electrónicos, sin la oportuna autorización por escrito del autor.

Depósito Legal B 22230-2015

ISBN 978-84-608-2003-1

A mi familia.

ÍNDICE

– Introducción 1
– Agradecimientos 5
– Aclaraciones 7
– Primer septenio, Mimpins 12
– Homeschooling, reacciones a la noticia 32
– ¿Por qué hacemos homeschooling? 57
– ¿Cómo lo hacemos? 62
– Nomadismo vs. Asentamientos permanentes 67
– Confusiones habituales 71
– Gente a la que no conocemos de nada 74
– La socialización 78
– Servicios sociales 80
– La regulación del homeschooling 84
– Madrid 87
– Esfuerzo, organización y autodisciplina, única vía para el fin de la persecución legal del homeschooling 96
– Argumentos en contra del homeschooling 101
– Lectoescritura y mates 106
– Cuestión curricular 109
– Pantallas, azúcares, grasas trans, armas y otras fuentes de polémica 117
– Nosotros, tú y yo 126
– Anexo I legislación de algunos países de nuestro entorno 128
– Anexo II 144

INTRODUCCIÓN

> No he explicado ni la mitad de lo que vi.
> –Últimas palabras de Marco Polo ante la insistencia del cura que le administraba la extrema unción a que reconociese que todos los relatos sobre su viaje a Asia eran pura invención.

> Charlie don´t surf!
> –Apocalypse Now

Nosotros no llevamos a nuestros hijos al cole, en vez de eso los educamos en casa, es lo que se conoce como homeschooling[1]. De momento nunca han ido a la escuela, cosa que no quiere decir que nunca vayan a ir.

He decidido escribir este libro con la intención de dejar un testimonio sobre la realidad de esta opción educativa aquí y a día de hoy, sin pretender engañar a nadie ni en un sentido ni en otro. El homeschool no es difícil de practicar, pero son tantos los mitos y leyendas que lo rodean que a veces a la gente se le hace complicado incluso empezar a planteárselo. Por eso era necesario escribir un

---

[1] La palabra aparece tantas veces a lo largo del libro que he renunciado a ponerla en cursiva.

libro que aspirase a separar realidad de ficción, tanto a favor como en contra, y que intentase aportar información directa, casi sin filtrar. Solo así podría la gente hacerse una idea real de lo que es el homeschooling hoy y de quiénes somos los que lo practicamos.

La idea surgió cuando debíamos llevar apenas tres años en el movimiento. Habíamos conocido a tanta gente y estábamos rodeados de tal variedad de experiencias interesantes que parecía un desperdicio dejar pasar los años sin recoger todo aquello en algún formato. El objetivo era ayudar al sinfín de familias nuevas que a ritmo lento pero constante van llegando al movimiento. Así que con esta intención en un primer momento me decidí a lanzar el podcast Radioschooling, en el que entrevistaba a todo tipo de personas relacionadas con el homeschool y la crianza. Tanto podían ser expertos internacionales como familias homeschoolers normales y corrientes. Aquello fue muy positivo y me permitió conocer y hablar largo y tendido con muchas personas a las que de otro modo me hubiese sido prácticamente imposible acceder. Aprendí mucho de ello y recopilé una vasta cantidad de información.

Por otra parte, se hizo evidente que muchos de nuestros amigos y conocidos homeschoolers con los que nos veíamos periódicamente tenían mucho que decir pero no querían hablar públicamente de según qué temas. A nadie le gusta que le graben hablando de las reacciones que ha habido en su familia respecto al homeschool, si estas han sido malas o de cómo sus amigos de toda la vida le han dado la espalda por no llevar a los niños al cole, si eso ha ocurrido. Por tanto era imprescindible entrevistar a la gente anónimamente, sin grabar audio ni vídeo y yendo acompañado solo de una libreta y un boli, y eso hice. El recibimiento fue muy bueno y todas las familias a las que durante meses fui proponiendo una entrevista respondieron afirmativamente. A la gente le gusta explicar su historia, sobre todo si siente que puede acabar ayudando a alguien en una situación similar.

Pasaron los años y las necesidades del homeschooling empezaron a apremiar en nuestra familia. Como les ocurría a todos nuestros nuevos amigos homeschoolers, a duras penas dábamos abasto con el día a día. No había tiempo para sentarse a escribir ni a hilvanar ideas, ni para casi nada fuera de la crianza y el homeschool. Así que todas esas entrevistas y experiencias quedaron archivadas en un cajón.

Con el paso de los años nuestros hijos fueron creciendo y nosotros madurando. Simultáneamente, en casa nos implicamos cada vez más en el trabajo de las asociaciones que luchaban por el fin de la persecución legal del homeschooling en España. En especial con la Coordinadora Catalana[2], a la que nos habíamos apuntado nada más iniciarnos en este mundo. Ayudamos todo lo que nos fue humanamente posible y recibimos mucho a cambio, muchísimo más que si nos hubiésemos quedado mirando todo desde la barrera, como meros espectadores. Finalmente ese período de activismo concluyó y nos encontramos que todo ese cúmulo de experiencias relativas al trabajo asociativo y en común se añadieron al montón de información que ya teníamos. Y no solo eso. Habían pasado como siete años desde que nos unimos al homeschool. Siete años de infinitas horas en el parque con los grupos de socialización, millones de conversaciones con otros padres, miles de horas de investigación en internet, miles de correos, multitud de contactos y reflexiones.

Nuestros hijos siguieron creciendo y nosotros continuamos aprendido a organizarnos. Así que finalmente, cuando por fin empecé a tener tiempo, me dediqué a recopilar todas aquellas entrevistas grabadas y escritas, a rememorar los momentos clave, a recordar

---

[2] Me refiero a la Coordinadora Catalana pel Reconeixement i la Regulació de l'Educació en Família, que luego cambió su nombre por Coordinadora Catalana pel Reconeixement i la Regulació del Homeschooling.

conversaciones fundamentales, reuniones importantes y todo lo que me pareció útil. Y me dediqué a unir y ordenar todas las piezas como si de un enorme puzle se tratase. El resultado es este libro.

AGRADECIMIENTOS

Me siento tan agradecido por haber podido escribir este libro que no sé ni por dónde empezar. A Susana por estar a mi lado y tu paciencia infinita y apoyo, sin los que hubiera sido imposible este trabajo. A Ian y Nicole por ser así de geniales. A Anna y Josep y a Xavier Alà por infundir en mí la primera impresión. A las familias de Màgic, por supuesto a las de Mimpins, Sabadell, Cerdanyola, Manresa y a todo el grupo que nos encontrábamos periódicamente en el Brossa, por las largas horas de parque. A Sylvia y Antonio y Pau y Montse por el apoyo mutuo. A Mónica "Nacart" y Gisela Pereira por tener las cosas claras. A Yvonne Laborda, por tu actitud. A Olga y Paco, Tina y Armand, Andreu, Bea y Joan, Mireia y Miguel, Monti, Mar y Cesar, todas las Montses y Xavi, Elsa y Oriol, Sabrina y Manel de "No vull anar a l'escola", por la ayuda filosófica. A Oriol y Anna por el buen humor. A Maria y Jordi por su energía. A Karina por organizar cosas guays. A Laura de Edgar por tú ya sabes. A Irra y Thais por el cambio de chip. A Daragh for being cool at the end. A Allona por estar ahí a muerte. A Sophie por currártelo tanto. A Manel del Líberi por permitirme participar. A Madalen Goiria por su ayuda impagable. A Juan Carlos Vila y Carmen por darnos la oportunidad a todos. A Sergio Saavedra por dar la cara. A Esther Martín y Josep Maria Alsina por el Workshop. Me dejo muchos, sin duda, pero todos formáis parte de esto.

ACLARACIONES

> Esto va de pensar.
> –Ricky, el profesor de tenis. Clown

Las peculiaridades de esta opción educativa hacen que el colectivo homeschooler esté formado por gente de toda índole y procedencia. Así, junto con gente de las más variadas mentalidades y bagajes, nos encontramos mezclados en el mismo saco a jipis, policías locales, anarquistas y mossos de esquadra, sindicalistas, guardias civiles, empresarios, operarios, asistentas sociales en activo (yo, personalmente, conozco a dos), innumerables profesores de escuela pública (la profesión más común entre los padres homeschoolers), profesores de universidad e incluso una ex ministra (de la cual, aunque me gustaría, no puedo decir el nombre). Abogados, jardineros, artesanos, arquitectos, traductores, funcionarios, okupas, médicos, parados, periodistas, mecánicos, bibliotecarios, electricistas, veterinarios, ingenieros, feriantes, corredores de seguros, asistentes del fiscal de menores, agricultores, autónomos, psicólogos, militantes de todos los partidos, gente que nunca va a votar... Conozco a padres homeschoolers con todas y cada una de estas definiciones y más, ¡nuestras asambleas son muy entretenidas! En ellas puedes encontrar a cualquier tipo de persona, a fin de cuentas somos todos gente muy normal.

El homeschooling en España es una realidad en constante cambio. Año a año cambia tanto la manera de proceder de las familias como la organización de la totalidad del colectivo. Así pues, un año puedes encontrarte que todo gira en torno a grandes encuentros mensuales multitudinarios a los que todo el mundo asiste y en los que se forjan una serie de vínculos muy fuertes, como al año siguiente puedes encontrarte que todo se desarrolla en pequeños grupos de afinidad muy unidos y un gran evento anual al que todo el mundo va. Un año más adelante tal vez te encuentres que todo se desarrolla alrededor de las asociaciones, la lucha legal, las actividades extraescolares y el contacto online. Los niños crecen, llegan familias primerizas, surgen ideas nuevas o se recuperan antiguas, la realidad cambia, hay relevos, se abren proyectos interesantes para el colectivo, la gente se muda o regresa... Todo esto hace que a día de hoy sea imposible afirmar que en general el colectivo funciona de una u otra manera estable. Si eres nuevo en este mundo y quieres participar, deberás enterarte por tus propios medios de cómo funcionan las cosas este año, dónde queda la gente, qué se hace, dónde hay actividad y de qué va la cosa esta vez.

En general, las familias nuevas tienen buena acogida en el colectivo. Me acuerdo cuando nosotros asistimos a un encuentro de homeschoolers por primera vez. Yo iba en plan –a ver qué nos encontramos–, y la verdad es que para mí fue definitivo. No siempre es así, hay quién ha tenido mala suerte y ha ido a dar con un grupo de frikis nada más empezar. Pero eso te puede pasar tanto con el homeschooling como con cualquier otra cosa, la vida es así y gente rara la hay en todos lados. Personalmente, no le veo el sentido a hacer homeschool y no entrar en contacto con otras familias para quedar asiduamente. Hay tantas y son tan diferentes que es imposible no encontrar la combinación que os vaya bien. No intentarlo es sin duda perderse lo mejor de la experiencia.

Respecto a lo legal, no he querido casi ni abordar el tema en este libro, y no porque no lo haya estudiado en profundidad durante estos años, al contrario. Precisamente por haberle dedicado bastante atención he podido tomar la decisión de manera plenamente consciente: en su momento, desde la Coordinadora, organizamos en colaboración con el departamento de derecho constitucional de la Universidad de Barcelona un workshop sobre la legalidad del homeschooling. Invitamos a todo tipo de expertos, doctores, catedráticos de derecho constitucional, abogados, representantes de Ensenyament, profesores de universidad, el síndic de greuges[3], trabajadores sociales, juristas expertos en la materia... Todo en un ambiente súper serio y formal... y no fueron capaces de ponerse de acuerdo sobre el asunto. Así que mi primera recomendación para la gente que necesite información legal es que se tome con un poco de escepticismo todas aquellas afirmaciones que le digan que el homeschooling es completamente legal o completamente ilegal. Pero eso sí, al que haga homeschooling mi consejo es que se informe todo lo que pueda sobre la cuestión legal, al menos en profundidad suficiente como para hacerse una idea de la complejidad existente. No me refiero a basarse en blogs que hablan en términos simplistas, pues de simple no tiene nada, sino de que te leas el B.O.E., sus equivalentes autonómicos y los escritos que hace la gente más informada en la materia. Empápate de todo y saca tus propias conclusiones. A fin de cuentas el homeschooling va de esto, de pensar por ti

---

[3] Defensor del pueblo en Catalunya.

mismo[4].

A nivel de forma, soy consciente de que el uso del anglicismo homeschooling se podría evitar en favor de otras opciones a primera vista más atractivas, tales como educación en familia, educación en casa, cole en casa, desescolarización u otras. Sin embargo, ninguna de ellas se ajustaría tan bien a la descripción de lo que hacemos como el término homeschooling ya que unas serían demasiado generales y las otras demasiado parciales.

En primer lugar, prácticamente todo el mundo, lleve al cole o no, *educa en familia*. Por tanto, este término, *educación en familia*, no nos sirve para definir al colectivo lo suficientemente bien, es algo que todo el mundo hace, no solo nosotros.

En segundo lugar, también una inmensa mayoría, consciente o no, enseñan contenidos curriculares en casa. Ya sea mediante la ayuda en los deberes a niños escolarizados, ya sea explicándoles las cosas que no entienden del mundo, ya sea ayudándoles a adquirir competencias que a los padres les parecen importantes e imprescindibles transmitir. Además, muchas familias homeschoolers consideran que lo que ellos hacen no es estrictamente trasladar el cole a casa. Por tanto, *cole en casa* o *educación en casa* también son expresiones demasiado generales.

En tercer lugar, *desescolarización,* es un intento de traducir el término anglosajón *unschooling* y, si acaso, solo

---

[4] El mínimo para empezar sería el comentario de Teófilo Gonzalez Vila sobre la sentencia del Tribunal Constitucional de diciembre de 2010, la Tesis del Dr. Carlos Cabo *"EL HOMESCHOOLING EN ESPAÑA: DESCRIPCIÓN Y ANÁLISIS DEL FENÓMENO"*, el resumen de la legislación de los países de nuestro entorno y la tesis de la Dra. Madalen Goiria *Implantación social y encaje del homeschool en el ordenamiento jurídico español,* la mayoría de ellos documentos fáciles de consultar en internet, ya sea a través de las webs de los autores, de las asociaciones o en la web de este libro.

sería útil para definir a las familias que siguen ese determinado método, y no al colectivo en general, que se caracteriza sobre todo por una importante variedad de maneras de hacer y un constante cambio en los métodos y sistemas que las familias utilizan.

El término homeschooling en cambio se encuentra en el punto exacto para definirnos. Si bien es cierto que en el mundo anglosajón se hace una clara diferencia entre homeschooling y unschooling. Esto ocurre por la existencia allí de dos maneras de entender la educación y ver la vida completamente opuestas, con sus respectivos bastiones de radicalismo, ideología y fe asentados en ambos extremos. Esto no viene ocurriendo en España donde hasta el momento se considera homeschooling a la totalidad del colectivo, no a los que lo practican de una determinada manera, y unschooling a un modo de hacer dentro de este colectivo. Por eso uso el término homeschooling.

Más cosas. En los capítulos sobre cuestiones curriculares y de crianza siempre tengo como referencia el punto de vista y la opinión que tenemos en casa. Es importante para mí aclarar que no pretendo hacer proselitismo de nuestra praxis particular, ni mucho menos intentar convencer a nadie de que la imite. Esto carecería completamente de sentido ya que en realidad lo único que funciona es que cada familia encuentre su propio camino. El homeschooling no es compatible con los moldes, sino algo hecho a medida *por* y *para* cada familia.

Por último y antes de empezar, me gustaría aclarar también que la educación de los hijos vista desde la perspectiva de los padres no tiene nada que ver con un derecho de estos últimos, confusión habitual en nuestras latitudes, sino con un deber.

PRIMER SEPTENIO, MIMPINS

—¿Mimpins?
—Mimpins fue el nombre que se le puso al primer grupo de socialización al que nosotros comenzamos a asistir asiduamente. Se lo puso la chica que tuvo que hacer la lista de correo, entonces no había smartphones, y escogió el nombre basándose en el libro de Roald Dahl "The Mimpins".
—¿Grupo de socialización?
—Sí, un grupo para encontrarnos y que los niños jugasen y socializasen, fue muy importante para nuestros hijos y para nosotros.
—...
—Sobre todo cuando estás empezando tanto con el homeschooling como con la crianza, te pasan muchas cosas que piensas que única y exclusivamente te están pasando a ti. Y no es verdad, le están pasando a todo el mundo, pero no te das cuenta hasta que no tienes la oportunidad de intimar y acercarte a gente que está en tu misma situación.
—¿Qué cosas?
—Buf, millones. Tener un hijo es una revolución. Eso no te lo dice nadie. Te dicen que cuando eres madre o

padre debes seguir siendo la misma persona, sobre todo enfocado a lo laboral y profesional, y que si acaso tendrás que sentar la cabeza en algunas cosas como salir de fiesta o dormir hasta tarde los fines de semana. Pero no es cierto, tener un hijo es una revolución total y absoluta y es imposible que no cambies profundamente a nivel físico, emocional, relacional… Al menos nosotros lo hemos vivido así, y mucha gente de Mimpins y de muchos otros grupos también.

—Entiendo, os explicabais las cosas y tal…

—Más bien las descubríamos juntos. Veías, por ejemplo, al hijo de otra persona con una rabieta propia del exorcista y te decías a ti mismo —vaya, no soy el único, mi hijo no es el único que se pone como una moto y me deja sin saber qué hacer—.

—Y ayudabais a la otra madre, supongo.

—Bueno, siempre ha habido un principio de no intervención en los asuntos de los demás. El tema es que criar es súper difícil, no es un camino de rosas como te dicen todas las revistas y los expertos, y cuando eres primerizo todo el mundo te avasalla diciéndote lo que tienes que hacer como si fueses idiota. Y eso no te ayuda en nada, al contrario, te paraliza.

—¿Entonces?

—Los adultos nos apoyábamos pero sin meternos en las cosas de los demás. Si una madre estaba destrozada porque había tenido una mala racha, la animábamos, dejábamos que se desahogase en el grupo o nos reíamos. Y mientras tanto los niños andaban felices a su aire ocupados en sus asuntos. Pero lo más importante era que podíamos poner en común las cosas que nos pasaban en casa con los peques, y la mayoría de las veces a todos nos pasaba más o menos lo mismo. Eso era un grandísimo descubrimiento, porque al principio todos pensábamos que lo que nos pasaba a nosotros no le podía estar pasando a nadie más en el mundo, y eso era una enorme fuente de preocupación.

—¿Y qué os pasaba?

—Pues lo normal: cólicos, cansancio extremo, giros copernicanos en nuestra vida sexual, abuelos metiéndose en todo, marujas espontáneas tocándote las narices, conocidos con niños perfectos, menos dinero en casa, amigos que quieren que te vayas de marcha como si fueses un adolescente, rabietas, gente anónima diciéndole al niño que se va a caer, comportamientos peculiares, médicos bordes, la casa hecha una M, salirte del percentil...

—¿Salirte del percentil?

—Cualquier chorrada te parece una catástrofe cuando estás empezando.

—¿Y los niños, qué hacían?

—Los niños se lo pasaban pipa jugando. No necesitan mucho a esas edades. Con sus amigos y un entorno natural ya les basta.

—¿Mimpins existe?

—No, pero vive en nuestros corazones, jajajajajaja. No, ahora en serio. Los grupos de socialización son algo muy dinámico, van evolucionando. Cuando un grupo crece, cosa que a menudo pasa, la gente de una misma zona suele acabar montando un grupo por su zona, por comodidad, y allí llega otra gente nueva, y ese grupo crece. Así que es algo orgánico, va mutando, pero la mayoría de la gente que empezamos en Mimpins nos vamos viendo asiduamente, solo que en grupos diferentes que ahora tienen otros nombres y se encuentran en otros sitios. Pero en esencia es lo mismo, los niños juegan, nosotros hablamos de nuestras cosas, durante horas.

—¿Horas?

—De media cada encuentro dura entre 4 y 6 horas, varias veces por semana, durante años, así que calcula.

—¿Y no ha habido tentaciones de que hagan algo más a parte de jugar en el grupo?

—No solo juegan. Socializan, resuelven conflictos entre ellos, se relacionan con sus iguales en libertad durante largos periodos de tiempo... nosotros solo intervenimos cuando la cosa se va a salir de madre. Pero sí, sí que ha habido intentos de transformar grupos de este tipo en escuelitas, pero nunca funciona. Los niños cuando se encuentran con sus amigos del grupo de socialización lo que quieren es jugar y muestran mucha resistencia a que cualquier adulto les corte el juego.

—¿Resistencia?

—Ve a un grupo de niños que estén jugando con sus amigos y pasándoselo genial e intenta convencerles de que hagan cualquier otra cosa. Puede que los primeros minutos te hagan caso, por curiosidad o por respeto, pero a la que vean que eso no da más de sí se marcharán a seguir con sus cosas. Y si quieres insistir los tendrás que ir a cazar, y no podrás sin la ayuda de los padres.

—¿Los niños no pueden aprender cosas académicas en grupo?

—¡Claro que pueden! Pero un grupo de socialización es un grupo de socialización. Una escuelita o un proyecto es otra cosa, es una idea genial, pero intentar transformar uno en otro… no suele funcionar. Esas cosas solo salen bien cuando desde un principio la gente se encuentra expresamente con la intención clara de hacerlas y todos saben a lo que van, si no salen divisiones inmediatamente.

—¿Y entonces?, ¿los estudios?

—Para nosotros la educación en el sentido más académico es un asunto privado de cada familia. Cada una se organiza como considera que ha de hacerlo y luego quedamos juntos, digamos en nuestra vida pública, para socializar. Hay familias que entienden la educación de una manera, otras de otra… ni nos metemos en eso ni nos podríamos poner de acuerdo. Cada familia es diferente, quiere una educación diferente y la lleva a cabo de una manera diferente.

—¿Cuesta hacer homeschool?

—Todo cuesta, levantarte para ir a trabajar cada mañana cuesta, lidiar con el colegio cuesta, mantener una familia cuesta… la vida es eso, es esfuerzo. Por ponerte otro ejemplo, tener hijos cuesta, sí, es indudable que es una currada, pero no tener hijos debe costar muchísimo también, a nivel emocional me refiero, quizás más y todo. Así que volviendo a tu pregunta, hacer homeschool cuesta, claro, pero no más que llevarlos al cole.

—Háblame más de lo que implica.

—Pues mira, por alguna razón la mayoría de literatura que existe al respecto en castellano da a entender que el homeschool es un camino de rosas en el que todo fluye y donde los niños aprenden sin apenas esfuerzo. Y eso es mentira, el esfuerzo es imprescindible e inevitable. Presentar al esfuerzo como un problema es una estupidez. Mira en el diccionario, lo dice bien claro "empleo enérgico del vigor o actividad del ánimo para conseguir algo venciendo dificultades", la vida misma es esfuerzo.

—¿Y si no se quieren esforzar?

—¡Claro que se quieren esforzar! Otro tema es que lo hagan en cosas que a ti no te parecen interesantes o que no lo hagan en las que tú consideras fundamentales. Pero el esfuerzo es básico. Si partes de que esforzarse es malo apaga y vámonos.

—No, no, me refiero a si ellos no se quieren esforzar en algo concreto, en matemáticas por ejemplo.

—Como te digo, eso para nosotros es asunto de cada familia, cada una marca sus mínimos y sus objetivos y hace lo que considera que ha de hacer para lograrlos. Pasa lo mismo con la gente que los lleva al colegio, si allí no se esfuerzan entonces cada familia decide qué ha de hacer al respecto, nosotros funcionamos igual.

—¿Y el fracaso escolar?

—Es muy difícil que los niños no progresen ya que para empezar cuentas con una serie de ventajas muy importantes. No hay distracciones, hay silencio, tienes tiempo, puedes detectar las dificultades en cuanto surgen y resolverlas antes de que devengan un problema mayor… De hecho, cuando un niño escolarizado tiene "fracaso escolar" la solución por la que siempre optan los padres es por las clases particulares, que no son más que atención personalizada, sin distracciones, con silencio, con tiempo, con paciencia, En definitiva, homeschooling clásico a tiempo parcial.

–Pero dices que no es un camino de rosas.

–Exactamente, porque no lo es. Lo normal es que los niños prefieran correr, jugar o hacer actividades libremente con sus amigos antes que estudiar tanto como tú querrías.

–¿Entonces?

–¿Entonces qué?

–¿Cómo lo hacéis, para que aprendan?

–Ya te lo he dicho, cada familia decide cómo ha de hacerlo. Nosotros, en concreto, funcionamos por objetivos. A principio de curso marcamos los objetivos a conseguir durante ese año y durante el curso vamos haciendo todo lo necesario para llegar a ellos. Pero cada familia es diferente, algunas usan libros, otras ambientes preparados, otras un método específico, otras una mezcla de métodos… hay de todo.

–Volvamos a los grupos de socialización, ¿qué pasa con la resolución de conflictos?

—Uff, la resolución de conflictos puede convertirse en un conflicto en sí misma, sobre todo si intervienen adultos en modo "padres como arma de destrucción masiva".

—…

—Es cuando un niño sistemáticamente usa a sus padres para resolver todos los conflictos con los demás niños y entonces el padre o la madre, en nombre de los sentimientos de su hijo, se transforma en uno y trino. Es fiscal, juez y policía a la vez.

—¿Y eso pasa?

–Bueno, algunas veces pasa. Es como todo, tienes un 99% de gente normal que como tal no llama mucho la atención y un 1% estridente en el que acabas fijándote.

—Cuenta, cuenta…

—Suele pasar que los niños se rehacen rápidamente de casi cualquier contratiempo. A la mayoría nos parece genial cuando eso ocurre, es algo precioso que casi todos hemos experimentado en la niñez y que nos encantaría volver a tener. Imagínate, saber rehacerte como de pequeño. Una minoría, en cambio, no ve esa resiliencia como algo positivo y prefiere dedicarse a interpretar cómo están sus hijos "realmente".

—No entiendo.

—Imagínate que ha habido un conflicto hace 1 minuto pero ahora todos los niños están súper bien otra vez. Han superado el conflicto como el grupo que supera un obstáculo y continúa su camino. Cada uno con su estilo, todos lo han dejado atrás. Pero como lo han hecho en menos tiempo de lo que tardaría un adulto, la madre se pone en modo revisionista emocional y se lo toma como que su hijo está "escondiendo sus verdaderos sentimientos" porque sobre todo *"ella sabe,* que le ha afectado mucho más de lo que aparenta". Así que ni corta ni perezosa para el juego en el que ahora todos están pasándoselo genial. Y los niños se alarman, porque para ellos que un adulto venga y les pare el juego en seco es síntoma de que ha ocurrido algo muy grave, pero ninguno sabe de lo que se trata, para ellos el conflicto forma parte del pasado remoto.

—Ya veo.

—A veces es incluso cómico, con la madre intentando convencer a su hijo de que —de verdad, te veo muy afectado, estás fatal— y el hijo negándolo rotundamente, sin saber de lo que le hablan e impaciente por volver al juego. —¡que me dejes! ¡Que quiero ir a jugar!—

—...

—Pero bueno, otras veces gana la madre, ya sabes que normalmente a los hijos no les gusta defraudar a los padres.

—Se convierten en víctimas.

—Exactamente, y buscan ese tipo de conexión con sus padres constantemente. El resto de niños al principio lo toleran pero poco a poco aprenden a protegerse. Los niños son niños, pero no son idiotas.

—¿Protegerse?

—Un padre que es a la vez juez, fiscal y policía se convierte en una poderosísima arma de destrucción para el niño. Ya no hace falta que su hijo se esfuerce por convencer al resto de niños que dejen de jugar a algo que a él le aburre. Ni hace falta que convenza a nadie para que le deje tal o cual cosa. Simplemente llamo a papá o a mamá, digo que me han pegado, y listo.

—¿Y los padres?

—Normalmente todos queremos lo mismo, queremos que todo el mundo esté bien y que haya el mínimo número de injusticias posibles. Así que, el 99% de veces cuando un niño acusa a otro de algo grave se pone énfasis en aclarar, en vez de en interpretar, qué ha pasado exactamente, y eso hace que todo funcione con facilidad.

—¿Y el 1% restante?

—El 1% no quiere saber qué ha pasado. Solo está impaciente por repartir los papeles de víctima y agresor y hará todo lo posible para impedir aclarar qué hechos han ocurrido. Si preguntas al niño algo del estilo —pero, pero, ¿te ha pegado? ¿Así, por las buenas ha venido y te ha pegado sin más?— se pondrán en medio y te responderán que —ahora no puede hablar de ello porque está muy traumatizado— aunque tenga un aspecto jovial. Y continuarán a modo de ventrílocuo —en realidad se encuentra fatal— y tú respondes —pues se está partiendo la caja— y te contestan —no, no, pero está destrozado— Y así. No puedes saber qué ha pasado porque a la que aparecen brechas enormes en su versión le interrumpen con la canción de que está fatal el pobre y no puede hablar más. Como digo, el 1% es siempre lo que llama más la atención, es solo eso, el resto es gente normal.

—Has hablado de los conflictos que los niños son capaces de superar por ellos mismos con rapidez y de los conflictos artificiales. ¿Qué pasa con los otros, con los que no son acusaciones falsas?

—Los otros son los que merecen nuestra completa atención, conflictos que por lo que sea ellos son incapaces de superar por sí solos. Equivocaciones que cometen, bucles en los que entran y de los que no saben o no quieren salir. Los niños no son perfectos, a veces tienen comportamientos totalmente equivocados que han de aprender a corregir.

—¿Cómo cuáles?

—Comportamientos que simplemente están mal.

—¿Están mal?

—Sí. Están mal. Hay cosas que no se hacen. Punto.

—¿Por ejemplo?

—No te voy a dar una lista, sería un poco patético tener que confeccionarte una lista de este tipo. Digamos que hay cosas que las personas no hacemos, y si los niños no lo saben pues se les explica. Si lo entienden, bien, si no lo entienden se les vuelve a explicar, las veces que haga falta hasta que lo entiendan. Ni todo está bien ni todo es aceptable.

—Los niños no saben.

—Saben lo que han aprendido y aprenden a base de equivocarse.

—Vaya.

—Si no te equivocas, no aprendes. Por eso se permite más equivocarse a un niño que a un adulto, se tiene más tolerancia con sus errores, o se debería.

—¿Los niños pueden hacer lo que les dé la gana?

—No. Una cosa es equivocarse y otra pretender que eres idiota para hacer algo que ya sabes que está mal. Son cosas diferentes.

—Y los padres que acabas de describir ¿no saben que lo que ellos están haciendo está mal?

—Yo creo que estos adultos sí lo saben pero les da igual, están demasiado fuera de control y les importa demasiado poco el resto de la gente, es solo –yo, yo, yo–. Es algo del estilo —*A mí* me va bien este tipo de vínculo y actitud, y si eso acaba con todo lo que haya alrededor me trae sin cuidado, porque *yo* necesito que sea así.– Es súper destructivo.

—¿Cómo más aprenden los niños?

—Los comportamientos sociales también se aprenden a base de experiencias, principalmente, a base de vivir. Por otra parte, nosotros usamos todas las situaciones desagradables como una manera de enseñar algo. Recuerdo, por ejemplo, un día que nos encontramos con un niño con el que era complicado entenderse.

—¿Complicado?

—De esos que son muy grandes para su edad y pegan hostias como panes sin venir a cuento y solo a los más pequeños.

—¿Y los padres?

—Igual que los padres ventrílocuos, tampoco tenían ningún interés en querer saber qué había pasado ni porqué. —pero, pero, ¿le has pegado así por las buenas? ¿Has ido y les has pegado sin más?— El niño primero intentó inventar una historia pero en cuanto supo que yo había visto toda la secuencia se encogió de hombros y dijo que —porque sí—, y los padres nuevamente se pusieron en medio y dijeron que —No puede responder más porque en estas situaciones lo pasa fatal— y ala, a correr.

—¿Y no era que el niño se estaba equivocando?

—Claro que sí. Al niño le puedes dar el beneficio de la duda, al fin y al cabo es un niño, está aprendiendo, se puede equivocar. Pero si se marcha de la situación sin ni siquiera intuir que se ha equivocado, entonces a él no le sirve de nada y lo volverá a repetir. Total, papá y mamá me apoyan.

–Ya veo.

—Pero al final nosotros pasamos una tarde muy productiva en la intimidad. Una vez se le pasó el dolor y la rabia a nuestro hijo, repasamos lo ocurrido y hablamos sobre la cobardía —¿es de valientes pegar a alguien que mide y pesa mucho menos que tú, o es de cobardes? ¿Deberías hacer tú eso?— La justicia —¿es justo pegarle a alguien tan fuertemente por la espalda sin dejarle opción a que se defienda? ¿Es justo pegar porque sí?— La fuerza — ¿Es importante ser fuertes? Tener fuerza... ¿comporta la responsabilidad de usarla con prudencia y con justicia? ¿O solo por tenerla ya podemos usarla indiscriminadamente? —La calidad de las personas— Esto que ha pasado hoy ¿es propio de una buena persona o de una mala persona? ¿Y vosotros que queréis ser? ¿Buenas personas o malas personas? ¿Sabéis lo que es la justicia? ¿Y la cobardía? ¿Qué es la templanza? ¿Por qué es necesario ser fuertes? ¿Cómo creéis que es mejor usar la fuerza?...— Y También lo utilizamos para ilustrarles cómo se siente la gente cuando se es injusta con ella, para que se lo pensasen dos veces antes de hacer pasar a alguien por lo que ellos estaban pasando en ese momento. Fue un debate importante, una vez calmados los ánimos claro, y creo que nuestros hijos se fueron a la cama con más fuerzas que con las que se habían levantado. Participaron mucho y dieron ideas elaboradas y opiniones y conclusiones muy buenas.

—Interesante.

—Siempre lo hacemos así, hay gente que lo hace diferente y habla de otras cosas o lo plantea de otra manera. Nosotros cuando ocurre algo desagradable intentamos al menos sacarle alguna enseñanza. Porque si no te vas a casa con un cabreo monumental y todo ese dolor no sirve de nada. Así al menos le sacamos provecho.

—Todo por culpa de la violencia.

—La violencia no solo es violencia física, uno puede ser extremadamente violento sin levantar un dedo y con palabras suaves. Hay que ir con cuidado, ni toda la violencia está mal —por ejemplo, la violencia como defensa pensamos que es legítima— ni toda la violencia es física. Humillar, marginar, sacar de quicio, insultar, acusar falsamente, ridiculizar... todas estas cosas pueden destruir a alguien mucho más que un contacto físico, ya que es fácil no verlas y se pueden repetir sistemáticamente hasta convertirse en habituales. La violencia física muchas veces es una respuesta a esas cosas. Es admirable la gente que está en contra de la violencia en su totalidad, pero a los que solo condenan la violencia física los considero un tanto tóxicos, sobre todo si por sistema son ultra violentos en espectros no físicos.

—¿Tóxicos?

—Hay gente que simplemente es tóxica, alguna vez nos hemos encontrado algunos y la verdad es que es algo muy desagradable.

—¿Por ejemplo?

—Una vez una madre a la que casi no conocíamos y que venía muy de vez en cuando y siempre estaba pidiendo de todo, casa, comida, transporte, consuelo, dinero… le pegó un bofetón a un niño. Fue algo insólito. Su hija, la víctima perfecta que se pasaba el día chinchando, al parecer "se había sentido muy mal" por algo que había hecho este niño (no prestarle un palo). La madre, ni corta ni perezosa, decidió ir y soltarle un guantazo ,sin más. Es un ejemplo extremo de vínculo tóxico, con una niña ultra violenta pero que nunca usa la fuerza física y dedica todo su tiempo y potencial a sacar de quicio, molestar, y en general hacer un uso constante y abusivo de su "derecho a hacer la puñeta". Más una madre como arma de destrucción masiva que, aunque normalmente solo se dedicaría a destruir psicológicamente al resto de niños basándose en las acusaciones de su hija, en este caso además está lo suficientemente chiflada como para pegarles.

—¿Qué pasó con ella?

—La madre del niño que había recibido el bofetón se puso hecha una furia. Imagínate, que un adulto al que encima no conoces de nada le pegue a tu hijo. Al final, la loca se fue y a partir de entonces el colectivo entero le dio la espalda, corrió la voz y nunca más volvió a aparecer en ningún otro grupo. Pero por ahí andará, intoxicando a otros colectivos, imagino.

—¿Tú crees?

—La gente tóxica es así, necesitan joderlo todo, no es algo personal contigo, es que son así. Por eso cuando cortas la relación con este tipo de personas, no se enmiendan, sino que van a buscar otras personas a las que intoxicar.

—Qué complicado.

—Ten en cuenta que te estoy hablando del 1% friki que llama la atención. El 99% restante somos gente normal y maja con la que es fácil entenderse.

—Háblame de esto.

—Por ponerte un ejemplo. Cuando llevábamos unos cuatro años haciendo homeschooling, una madre a la que todos conocíamos enfermó gravemente. Tenía una enfermedad de las más agresivas y dependía de varias operaciones complicadísimas, en cualquier momento podía pasar lo peor. Las primeras personas a las que se lo explicó no fueron familiares ni amigos, sino al colectivo homeschooler del que formaba y todavía forma parte. Y la gente se volcó con ella, todo el mundo la apoyó muchísimo.

—Ya veo.

—En otra familia, el padre sufrió un grave accidente que casi le cuesta la vida y le dejó incapacitado durante medio año. También el colectivo apoyó a esa familia para intentar hacerle la vida más fácil, porque si hacer homeschooling de por sí ya es complicado imagínate cuando tienes dificultades de este tipo. Por apoyar no me refiero a dar ánimos en un email o a hacer click en "me gusta", sino que en estos y otros casos similares la gente fue a sus casas a cocinar durante meses, a estar con los niños y llevarlos a sitios, a sacar a los adultos de la depresión, a ayudar con todo lo de la casa, a ir a hacer encargos... Hay gente que ha encontrado trabajo a otras familias, hay gente que ha acogido a otras familias en su casa cuando estas no tenían donde meterse, durante largos períodos de tiempo, que les han regalado un coche, encontrado un alquiler, ayudado en una mudanza, de todo…, eso no es tan sencillo de encontrar hoy en día en nuestra sociedad.

—Muy intenso ¿no?

—A lo tonto a lo tonto muchos de nosotros nos conocemos desde hace años y algunos nos vemos varias veces a la semana durante bastantes horas. Eso acaba creando un vínculo de pertenencia a un colectivo, algo que yo creía imposible construir de cero en un entorno urbano, pero la verdad es que he visto que sí, es posible.

—¿Qué más habéis aprendido en los grupos?

—Buf, de todo, piensa que allí llegamos todos con los niños muy pequeños y sin tener ni idea de casi nada. A duras penas habíamos descubierto la lactancia y desechado la idea del biberón y de estivillizar. Pero, por los pelos por los pelos. Ahora ya hay una mayoría de gente que puede y tira por esa vía, y con razón, pero en ese entonces los dos primeros libros de Carlos González y el primero de Rosa Jové acababan de salir[5] y estábamos todos perdidísimos. Aunque luego vinieron muchos otros libros y autores, casi todos empezamos nuestro camino a través de estos dos. Visto con perspectiva lo que dicen es muy fácil de entender, pero lo cierto es que fueron ellos quienes abrieron el camino para muchos.

—¿Qué más libros o cosas?

—¿Libros? Montañas de ellos. Eso era un estrés extra, porque con los niños pequeños apenas tenías tiempo para leer. Pero al mismo tiempo te dabas cuenta de que no tenías ni idea de nada y que necesitabas informarte urgentemente. El tema era importante para tu familia y… la información estaba ahí… y tú sin tiempo material, y eso que antes devorabas libros… era un poco frustrante. Por eso, pasábamos mucho tiempo recomendándonos libros unos a otros y hablando largo y tendido sobre los contenidos de los mismos o sobre qué autores nos

---

[5] Me refiero a Bésame mucho, Un regalo para toda la vida y Dormir sin lágrimas.

gustaban más, resumiéndonoslos, hablando de quiénes nos parecía que tenían más razón… montábamos unos debates buenos buenos en el parque.

—¿Por ejemplo?

—Bueno, has de entender que cada uno tiene sus favoritos en cada tema. Yo por ejemplo soy muy de Laura Gutman y Alice Miller pero hay gente que no está nada de acuerdo con ellas y es fan de otros, pero más o menos podemos decir que estamos todos en una misma corriente. Hablábamos mucho de todo, como cotorras, tenía y tiene un punto muy terapéutico. Piensa que había gente que hacía más de 100 km para ir a un grupo de estos. Realmente cubrían y todavía cubren una necesidad, no solo para los niños.

—¿Pero de qué hablabais?

—Pues de todo, de colecho, de lactancia, de partos, uf, la de conversaciones de partos que ha llegado a haber: de hospitales mejores y peores, de partos en casa, de doulas, de casas de partos, de la seguridad social, de teorías… lo que nos hemos llegado a reír con la teoría de que un parto es como un orgasmo. Y luego de educación, de cochecitos de bebé, de juguetes, de portabebés, de tele sí o tele no, de límites, de pañales, de los abuelos, de pedagogía, de Reyes Magos sí o Reyes Magos no, de azúcares, pantallas, de comida basura… la lista no tiene fin.

—¿Y de homeschooling? parece complicado.

—También, claro. A priori a todo el mundo le parece complicado y todo el mundo tiene miedo de si podrá con lo curricular o no. Y esa debería ser la última de sus preocupaciones.

—¿Por qué?

—Pues porque lo curricular es lo más sencillo, lo difícil es no volverte loco jajaja.

—Imagino.

—Solo tienes que fijarte en los lamentos de la sociedad cuando empiezan las vacaciones de verano, y en las muestras de júbilo y alegría al empezar el curso en septiembre. Será por algo, ¿no?

—...

—Estar con los niños es duro, criar es duro, sacar adelante una familia es duro. Todo forma parte de esa infinita lista de cosas que nadie te explica cuando tus hijos nacen.

—¿Por ejemplo?

—Ninguna embarazada se imagina que en el futuro celebrará todos los septiembres que por fin su hijo empieza de nuevo el curso escolar. Ni que si estivilliza se va a pasar las noches llorando en la cocina como una loca, ni que no todos los destetes son mágicos y maravillosos, ni que el colecho a veces no se acaba por sí solo, ni que puede que te cueste un huevo poner a los abuelos en su sitio, ni que tu vida sexual va a cambiar, ni que algunos niños parece que los estés matando cuando los metes en el coche, etc., etc., etc. Hay una serie de temas importantes e íntimos sobre los que la gente calla y en los grupos, al pasar tantísimas horas juntos, acabamos por sacarlos a la superficie y hablarlos, es muy saludable.

–Cuéntame más.

–Por ejemplo, antes de tener hijos nadie te dice que todos tus libros más preciados, tus álbumes de fotos, tus maquinitas... todo va a ser brutalmente manipulado por tus hijos cuando sean pequeños. Ellos querrán ver si tu iphone flota o no, qué sonido hace el portátil cuando cae al suelo en diferentes posturas, si se despegan o no las páginas de ese libro que te costó 90 euros, cuántas galletas caben en el reproductor de DVD, qué tal queda el plasma pintado con pintura de dedos, por poner algunos ejemplos. Y eso no te lo cuenta nadie. Como tampoco te explican que una legión de perfectos desconocidos te dará opiniones no solicitadas sobre qué tal lo estás haciendo. Te dicen que cuidado con los enchufes, y está muy bien, pero de lo que realmente va a pasar nadie te advierte. Y entonces es como si te pasara solo a ti.

–¿Y qué haces?

—¿A nivel práctico?

—Sí.

—Pues nosotros lo que hicimos fue una estantería a 1,80 metros de altura que era el único sitio donde los peques no podían llegar y metimos allí todo lo que queríamos preservar, era como nuestra particular arca de Noé.

—Jajaja. ¿Y con los desconocidos que te daban su opinión sin que se lo hubieses pedido?

—Pues decirles alto y claro —señora, me parece que eso no es asunto suyo.—

—Me parto.

—Y lo mismo respecto al tiempo. Pensar que te lo podrás montar para tener tiempo para ti es algo que todos hemos pensado durante el embarazo, pero luego la realidad se impone, y es la que es. Una cosa es lo que te gustaría, otra la que deberías o podrías y otra lo que al final pasa.

—¿Y qué pasa?

—Pues que al final tiempo no te suele quedar, y eso es una novedad en tu vida, nadie te ha explicado que los niños se comportan así. Y de la lactancia y el colecho te han hablado menos aún. Nadie te ha comentado estas cosas, al contrario, te dicen que tengas cuidado porque si haces eso será gay. Ya ves.

—¿En serio?

—En serio, hay psicopedagogos que le han dicho eso a la gente. Y con todo lo demás igual, así que partes sin referencias. El único consejo sincero de la sociedad parece ser: tú aguanta que a los tres entran en el cole. Y si no los llevas, ¿entonces qué?

En el momento de ser padres casi ninguno de nosotros habíamos visto criar a nadie, no teníamos referentes más allá de los comentarios esporádicos de nuestros propios padres o lo que sale en la tele. Y la verdad, eso no nos servía de mucho, así que nos acabamos forjando una cultura a base de prueba y ensayo, a base de leer y reflexionar mucho y sobre todo, de comentarlo y analizarlo en los grupos.

—Una currada vamos.

—Es que tener un hijo es como tener un trabajo a tiempo completo, una jornada entera o más, y la gente que aparte de tener un hijo trabaja pues tiene el cansancio equivalente a tener dos trabajos. ¿Qué tiempo te va a quedar haciendo dos jornadas diarias?

—¿Y si en vez de tener un hijo tienes dos?

—Si tienes dos es como si te apuntases a los marines.

—Jajajaja.

—En serio, la única diferencia es que lo haces con amor y ternura, pero a nivel físico y emocional es una tarea súper exigente. Nadie, absolutamente nadie, te dice que quizás deberías estar muy en forma para cuando tengas hijos, porque solo llevarlos a cuestas, dormir poco, comer erráticamente y tener que estar pendiente de ellos ya es algo en lo que te tendrás que implicar al 100%. Y si no estás fuerte lo vas a notar, sobre todo a partir del segundo.

—...

—Lo bueno es que por mucho trabajo que te cueste la crianza a edades tempranas, sabes que ese esfuerzo, al menos el físico, no es para siempre y eso es algo que tampoco te explica nadie. Al contrario, te dicen que cada año es peor. ¿Cómo pueden decirte eso? Llega un día que tus hijos aprenden a caminar y al tiempo, ya no los tienes que llevar a cuestas. Y más adelante ya son ellos los que te ayudan a acarrear cosas aliviándote la carga. Luego, llega un día en que te quieren ayudar en la cocina. Los primeros años es un puto caos y cada vez que acabáis de cocinar juntos parece que haya explotado una bomba en la cocina. Queda todo esparcido y los restos de alimentos alcanzan los lugares más insospechados, cuesta muchísimo trabajo de recoger, y precisamente de tiempo no andas sobrado. Pero si tienes paciencia y a ellos y a ti os gusta cocinar, llega un día en que en vez de darte faena te la quitan. Su ayuda se transforma de un calvario en algo realmente útil.

—¿Te ayudo?— ya no te provoca un profundo suspiro de desesperación sino que su trabajo empieza a contar de verdad, a servir para por ejemplo, acabar de cocinar antes. Eso pasa en todo. Con hacer la compra igual, al principio ir a hacer la compra con ellos es, como dicen internet, como ir a comprar con dos cabras, pero luego llega un día en que te ayudan un poco, y cada día te ayudan más, a todo, a comprar, a subir la compra a casa, a ordenar, a hacer la lista…. Pasa con todo.

—O sea que cambia.

—Tú cambias. Empiezas a cultivar la paciencia y el orden como alternativa al caos y te esmeras en el arte de ser padre o madre, y cuando te quieres dar cuenta tienes a los mejores ayudantes del mundo. Dónde antes uno tenía que hacer el trabajo para cuidar a cuatro (pues el otro adulto se quedaba a cargo de los niños), ahora sois cuatro para cuidar de cuatro y todo empieza a funcionar de otra manera. Saltas de lo más básico a cosas más profundas, a decisiones más importantes y en cualquier cosa en la que ellos pueden aportar, aportan. Tienen muy buenas ideas. Los niños piensan de maneras que a nosotros nunca se nos pasarían por la cabeza y a veces dan en el clavo, son pensamientos frescos que vienen muy bien a la familia.

Pero claro, si en vez de padre o madre eres una chacha entonces es más difícil que ocurra.

—¿Chacha?

—Sí, son cosas diferentes. Los niños no necesitan a una chacha en vez de una madre ni a un mayordomo en vez de un padre, por muy modernos que sean. Al contrario, a no ser que quieras criar a Hitler, es mejor implicarles paulatinamente en el funcionamiento de la familia.

—Y todo esto es lo que comentáis en los grupos, ¿no?

—Claro, esto y todo lo demás, todo lo que nos parece interesante de compartir.

—Oye, ¿cómo hago yo para ir a uno de esos grupos?

—Jajajaja. Pues mira, no es muy complicado, te metes en internet y preguntas a las asociaciones si hay alguno por tu zona, sin miedo. Y si no lo hay, pues lo creas.

—Ya, pero es que por mi zona seguro que no hay nada.

—Eso es lo que dice todo el mundo, que por su zona no hay nada, pero luego si alguien monta uno resulta que va apareciendo gente como por arte de magia.
—¿Quieres decir?
—Que sí mujer.

HOMESCHOOLING, REACCIONES A LA NOTICIA

Mi abuelo. 84 años. Ingeniero. Sentado en el jardín de su casa.

-Justo después de la guerra, cuando yo todavía era un niño, me mandaban una vez a la semana a buscar algún encargo a la ciudad, por la zona del colegio. Entonces aprovechaba y en vez de ir directo a hacer lo que me habían mandado, me paraba delante de la puerta de la escuela y me entretenía allí todo lo que podía. Yo no iba al colegio, no porque fuese tonto, sino porque no nos lo podíamos permitir, ni nosotros ni casi nadie. Así que iba allí y me quedaba agarrado a los barrotes de la reja, mirando embobado a ese grupo de niños privilegiados que iban a clase. —Qué suerte ellos,- pensaba, —yo aquí trabajando como un burro y ellos allí sentados tranquilamente en sus pupitres. Tan limpios, tan peinados. Aprendiendo a leer y a escribir, aprendiendo geografía, historia, matemáticas… Hasta tenían una maqueta de España en el patio. Con sus ríos con grifo y todo, una maravilla.

Mi abuelo toma aire y prosigue en tono solemne y

sincero.

—Hubiese dado un brazo por poder ir al colegio. Pero no podía ser.

Mientras me explica esto yo le miro con cara inocente y por dentro no puedo evitar pensar en la decisión que he venido a comunicarle.

—A ver cómo se va a tomar esto de que no los llevemos al cole.

Porque la verdad, a mi abuelo, como a mucha gente de su generación, no le toques la escuela.

Y es normal, la escuela se ha convertido en una institución de las más relevantes. Largamente anhelada y deseada y por la que se ha trabajado duro, merecedora de los más altos respetos por parte de la sociedad y orgullo de la misma, hasta hace bien poco. Por lo tanto, el no llevarlos produce, cuanto menos, estupefacción.

Le expliqué a mi abuelo que hacer homeschooling no significa oponerse a la escuela. Todos sabemos apreciar la función que desarrolla en nuestro mundo y además, escuelas las hay de muchos tipos. Las familias que hacemos homeschooling no queremos que se cierren escuelas, muchas veces no los llevamos por no tener la que nos gusta lo suficientemente cerca o por no podérnosla pagar. No queremos la abolición del sistema educativo, ni tampoco pretendemos influir sobre la manera en que se enseña en los colegios, ya que para empezar nuestros hijos no van, y ni mucho menos pretendemos convencer a nadie para que haga homeschooling. Si investigas un poco verás que en general todos queremos unas escuelas públicas de calidad, a fin de cuentas si escolarizamos lo solemos hacer en esos centros.

Las razones que nos llevan a tomar la decisión de hacer homeschooling son muchas y muy variadas. Cada familia tiene las suyas y sería totalmente imposible ofrecer una respuesta colectiva o un denominador común sin faltar a la verdad. Si acaso lo único que podemos afirmar que nos une es lo mismo que nos une al resto de padres del mundo, queremos lo mejor para *nuestros* hijos. *Nuestros* no en el sentido de propiedad, pues son personas, sino refiriéndonos a ellos en particular.

Esto no es un desafío al resto de la sociedad, sino una diferencia de opiniones sobre un mismo tema. Todos buscamos el mejor método para proveer a nuestros hijos lo que creemos que necesitarán para la vida moderna, y todos nos adaptamos al sistema que mejor nos funciona *a nosotros*. Que a otra familia le funcione una opción educativa diferente a la que hemos escogido en casa no significa que la nuestra sea una opción mala, lo importante es que la nuestra nos funcione a nosotros.

Hay quien decide llevar a sus hijos a una escuela pública, a una concertada, a una privada, o incluso a un internado. Y hay quien decide hacer homeschooling. Son vías diferentes con las que los niños pueden educarse. Cada familia decide en función de lo que considera mejor en ese determinado momento y, por supuesto, en caso de decantarse por el homeschooling siempre están a tiempo de revisar y modificar la decisión, es decir, de meterlos en el cole.

LA IDEA
Lo más normal es que una madre primeriza se meta en internet buscando escuelas que se adecuen al tipo de educación que considera necesaria para sus hijos, y acabe dando con páginas de gente que hace homeschooling.

—Anda, mira que cosa más curiosa. Qué valor, yo nunca en la vida sería capaz de plantearme eso.

TRES MESES MÁS TARDE
El niño juguetea tranquilamente a los pies de la pareja. Hace varias semanas que los padres están hablando sobre la necesidad de decidirse ya por un colegio. ¿Público, privado, concertado?...

—¿Cariño?
—¿Qué?

—He estado mirando por internet lo de la escuela del niño.

—¿Ah sí? ¿Y qué tal?— Muestra gran interés pues quiere cerrar ya el tema.

—Pueees… ¿sabes que hay mucha gente que no los lleva al cole?— Dice ella con su mejor sonrisa, como si nada.

Silencio.

Silencio y severo fruncimiento de ceño.

Inspiración de aire profunda.

Pestañeo.

El padre se reposiciona en el sofá.

Exhalación.

—¿No los lleva al cole?

Lo pronuncia como un periodista que no acaba de entender la afirmación de su interlocutor. Con profesionalidad, sin que se note el abismo que empieza a sentir bajo los pies.

—¿Y entonces cómo lo hacen?

Es una pregunta tonta, solo para ganar tiempo y poder preparar la respuesta a lo que sospecha se avecina.

—Lo hacen en casa.

Y al oír esto, lo primero que le viene al marido a la cabeza es:

—Ahora esta sí que se ha vuelto loca del todo.

Pero como el amor mueve montañas, la conversación continúa.

—¿Los educan, en casa?

Pausa. Algo le suena, de gente que vivía en el campo en Australia, y algo de una secta de no sé qué en Estados Unidos.

—¿Y quién les enseña, los padres?

—Sí claro, los padres.

Pausa.

—Amor, no me estarás diciendo…

—Bueno… está lleno de blogs y páginas web. Está muy bien, hasta hay asociaciones y todo, lo he estado mirando y...

—¿Lo dices en serio?

—Sí, mira este blog...– Dice plantándole un ipad en las narices

—No, no, no, me refiero lo de educar en casa. ¿Me lo estás diciendo en serio?

—Sí, ¿no?, bueno. Hay gente que lo hace.

Silencio.

—Tú estás loca.

Así empiezan muchas familias el debate interno sobre la conveniencia o no de hacer homeschooling. Una decisión que será profundamente meditada e irá acompañada de extensas búsquedas de información y muy a menudo también charlas con otras familias con más experiencia en el terreno. Una decisión que, debido a sus ramificaciones, nunca será tomada a la ligera sino que será precedida de una gran reflexión, contraste de opiniones y finalmente consenso entre los padres.

Las primeras reacciones de la pareja, sea hombre o mujer, suelen ser de estupor. Una madre me comentaba que cuando lo propuso en casa, su marido salió de la habitación profiriendo gritos e improperios y dando un sonoro portazo mientras le decía que había perdido el norte completamente.

—¡Nos vamos a acabar convirtiendo en una familia de jipis! ¡Yo no soporto a los jipis!

Pero a los cuatro días había reconsiderado la opción con más calma y le había parecido propicia para su situación particular.

—Lo he estado pensando y no me parece tan mal, podríamos hacerlo.

—¿Ya no tienes miedo de que nos convirtamos en unos jipis?

—No, los jipis no tienen nada que ver con esto.

Personalmente, no he llegado a conocer a ninguna pareja en la que no estuviesen los dos de acuerdo en la decisión, y no creo que la haya. El nivel de organización familiar necesario es tan alto, que la aceptación y colaboración de todos los miembros de la familia es prácticamente obligatoria. De otra manera es imposible que funcione.

NUESTROS HIJOS

Si nunca han estado escolarizados, nuestros hijos nos preguntan sobre el famoso cole del que todos hablan, sobre todo de pequeños.

—Mamá, ¿qué es el cole?

—Es un sitio donde van los niños a aprender.

—¿Y qué hacen?

—Pues se meten en una clase y…

—¿Qué es una clase?

—Es una especie de habitación grande con mesas y sillas. Con una pizarra y libros, juegos, cosas, dibujos… Como lo que tenemos en casa pero más grande.

–Ah…

–…

—¿Y qué más?

—En la clase hay una profe que se encarga de los niños.

—¿Y se pude jugar?

—Hay veces que se puede jugar y otras que no.

Llegados a este punto, muchos nos encontramos ante preguntas inocentes y tiernas.

—¿Y los padres pueden estar?

—No. Los padres no pueden estar.

—¿Y por qué no pueden estar?

—Cariño, pues porque es así.

—¿Y te puedes ir cuando quieras?

—Tienes que esperar a que llegue la hora.

—¿Y qué pasa si te quieres ir antes?

—Mira, la escuela tiene unas normas y si vas, pues has de cumplirlas.

—¿Y hay que ir cada día?

Ya sabemos que a según qué edades cuando empiezan

a hacer preguntas no hay quién los pare. Así que tomas aire y contestas.

—Sí. Hay que ir cada día, menos los fines de semana y las vacaciones.

—¿Y cuánto dura?

—Ufff, muchos años, hasta que tengas dieciséis, más o menos.

Pausa. Los ves que piensan.

—¿Dieciséis años es mucho?

—Como tu primo más o menos.

Pausa otra vez. Vuelven a pensar.

Tarde o temprano van directamente al grano.

—¿Y yo tendré que ir?

—No, de momento tú aprenderás en casa.

—¿Y no tendré que ir?

—De momento no, igual algún día, pero tendrás que estudiar mucho, tanto si lo hacemos en casa como si vas al cole.

—Mamá.

—¿Qué?

—¿Por qué el cole tiene rejas?

—...

—¿Es para que los niños no se escapen?

—eehh... ¿quieres una galleta?

A veces cuando los niños son pequeños y pasas delante de una escuela se paran, sobre todo si hay otros niños jugando en el patio.

—Mamá ¿eso es un parque?

—No, es una escuela.

—Parece muy divertido.

—Es la hora del patio.

—¿Qué es la hora del patio?

—Pues un rato que tienen los niños para jugar.

—...

—Ves esos edificios al lado del patio, eso son las clases.

—...

—Allí es donde los niños aprenden.

—¿Y si quieren ir al patio?
—Pues tienen que esperar a que sea la hora.
—Pero ¿y si tienen muchas ganas de ir al patio? ¿Pueden?
—...
—¿Si se lo piden por favor a la profe?
Mamá niega con la cabeza.
—¿Y qué hacen?
—Pues hacen fichas, escuchan a la profe, cantan canciones, dibujan y cosas así.
—¿Y si quieren dibujar?
—Hombre, si la profe se lo ha dicho pues tienen que dibujar.
—¿Y si les ha dicho que tienen que cantar y ellos quieren dibujar?
—Cariño, tienen que hacer lo que la profe les diga, si les ha dicho que han de cantar pues han de cantar.
—Ya pero, ¿y si quieren dibujar?
–Cariño, es así.
Silencio.
—¿Y si tienen ganas de hacer pipí?
—No lo sé hijo, supongo que si están en clase han de pedir permiso a la profe y ya está.
—¿Y si no les deja?
—¡Claro que les deja! ¿Cómo no los va a dejar?
Entonces la pregunta se repite, a modo de confirmación imagino.
—¿Y yo tendré que ir?
—Que nooooo.

Normalmente, los padres homeschoolers suelen tener conversaciones con sus hijos sobre la opción educativa que van a seguir en casa. Evidentemente un niño de esas edades no tiene poder de decisión sobre esto, pero todos los padres entienden que el niño ha de saber que existen distintos modos de aprender.

En los casos de desescolarización, es decir, aquellos en los que el niño es grande y ya va al colegio y por alguna razón los padres deciden pasar a hacer homeschooling, ocurren situaciones un tanto diferentes. Por ejemplo, una madre a la que entrevisté necesitaba probar a hacer de maestra en el hogar antes de decidirse. Pero al mismo tiempo no quería explicarles a sus hijos antes de hora que estaban valorando la opción de sacarlos de la escuela, esto lo hacía por no influir en su comportamiento en clase. Como quería "probar" antes de decidirse, se las tuvo que ingeniar para provocar situaciones que la llevasen a poder practicar el homeschooling sin que los niños sospechasen.

Ocho de la mañana, todos en el coche listos para marchar, las carteras preparadas, la merienda en la bolsa. Mamá trastea con las llaves en el contacto, algo extraño parece ocurrir.

Mamá, en una interpretación digna de un Oscar:

—Vaya, el coche no arranca.

Finge intentar arrancar el vehículo una y otra vez hasta que "desesperanzada" decide rendirse.

—¿Estás segura mamá?

—Sí, definitivamente no arranca.

Se hace el silencio.

—...

—Bueno, hoy tendremos que quedarnos en casa, ¡mira tú por dónde! Pero no os penséis que esto va a ser una fiesta eh, tenemos mucho que estudiar, haremos clase como si estuviésemos en el cole.

—¡Vale!

De hecho a los niños es a los que menos les cuesta adaptarse a una nueva situación educativa, sea la que sea.

Normalmente, las familias que desescolarizan se ponen en contacto con otras que ya lo han hecho para intentar obtener el máximo de información posible antes de acabar de decidirse. Es a veces, en esos encuentros, cuando poco a poco los niños empiezan a descubrir la existencia del homeschool.

De vuelta a casa, en el coche que hace semanas que a veces no arranca.

—Mamá.
—Dime.
—Estos niños no van al cole.
Mamá intentando poner cara de sorpresa
—¿Ah sí?, ¿y cómo aprenden?
—Les enseñan sus padres en casa.
—Hmmm… que interesante, ¿no?

Hay que decir que los casos de desescolarización suelen darse cuando existe algún problema imposible de resolver de otra manera. Los padres prueban un vía crucis de tratamientos y escuelas mientras la situación de sus hijos va degenerando hacia un problema cada vez más grave. Estoy hablando de problemas serios, no de caprichos ni de cosas de niños. Es entonces cuando muchas madres, buscando alternativas a las alternativas, encuentran por internet que hay familias de todo tipo haciendo homeschooling, y se les abren unos ojos como platos.

—Vaaaaya,— dice la madre como un detective que ha encontrado una pista en la pantalla.

—Así que esto existe.

Y empiezan a darle vueltas. Valoran cómo podrían hacerlo y si sería aplicable a su situación particular, si les ayudaría en su caso o si deben buscar otra opción.

De hecho, conozco casos en los que la propia escuela ha planteado a padres de niños con problemas reales la posibilidad de que hagan homeschooling. No tanto para sacárselo de encima, como por ver que era muy recomendable para su caso en particular.

Si se deciden por el homeschooling, la aceptación familiar de la decisión suele ser automática. Pensemos que los familiares íntimos lo viven de cerca. A ningún abuelo o tío le agrada ver a su nieto o sobrino con problemas profundos, y si la solución que han encontrado los padres se sale de lo común poco les importa.

—Mientras os funcione y el niño esté bien a nosotros nos parece bien.

En el resto de casos, esos en que los padres empiezan

el homeschooling desde que los niños son pequeños y nunca los han llevado al colegio, la aceptación familiar no suele ser tan rápida.

LA FAMILIA

Es normal encontrar a abuelos que están totalmente a favor de que no lleves a los peques a la guardería.

—Mejor en casa que en la guarde.

En esos casos suele resultar un poco más sencillo comunicarles la decisión de hacer homeschooling. Pero solo un poco ya que la escuela es, como hemos dicho antes, toda una institución.

Normalmente, aquí la gente cree que la única manera en el mundo de educarse es ir al colegio y que este empieza a los tres años de edad.

—¿Pero, qué no lo vas a llevar al cole?— Te preguntan tus familiares cercanos sin acabar de comprender.

—No, todavía no.

—¿Pero no tiene ya la edad?

Aquí te encuentras ante el dilema de o comenzar una larga conversación sobre una decisión que todavía estáis meditando, más una explicación en profundidad del funcionamiento del sistema educativo de nuestro país, la legalidad del asunto y los argumentos jurídicos en los que te basas, junto con una o dos montañas de argumentos de tu propia cosecha más las peculiaridades de tu situación familiar actual. O simplemente poner voz inocente y decir,

—No, es que hasta los seis no han de hacer nada.

Con lo que la mayoría optamos por esta última opción.

Otros padres optan por no decir nada y dejar que la familia se vaya dando cuenta poco a poco.

—Nadie lo sabe pero todos lo saben, es un secreto a voces.

Cuando finalmente se decide comunicarlo a veces te encuentras con gratas sorpresas. Personas cercanas que creías se te iban a echar encima, te sorprenden.

—Ah sí, ya nos lo imaginábamos. Nos parece

fenomenal, tenéis todo nuestro apoyo.

Es genial cuando ocurre eso, sobre todo si te esperabas lo contrario. Otras veces, por desgracia, la cosa no es tan agradable.

—¿ES QUE OS HABÉIS VUELTO LOCOS?

En cualquiera de los casos, suele ocurrir que el entorno más cercano ya sospecha cuál va a ser tu decisión. Muchas veces si tienen una opinión contraria se va acumulando tensión con el paso de los meses, y de los periodos de matriculación, hasta que finalmente cuando lo dices la cosa estalla.

—¡OS VAN A METER EN LA CÁRCEL!

—Que no mamá, nadie va a ir a la cárcel, solo vamos a educar a los peques en casa, nadie va a la cárcel por eso.

—¡¿CÓMO QUE EN CASA?! VOSOTROS DOS ESTÁIS CHIFLADOS.

—Que no mamá, es una cosa muy normal.

—¡¿NORMAL?! ¡CÓMO QUE NORMAL! ¡A MÍ NO ME PARECE NORMAL!

Se verbalice o no, en este país muchas veces lo que realmente preocupa es en realidad —¿Y QUÉ DIRÁ LA GENTE?— Pero por suerte esa frase que tanto ha influido en algunas generaciones, pocas veces es ya pronunciada.

En otras ocasiones, presos por la desesperación y el nerviosismo acumulado, te salen con argumentos afilados.

—Les vais a destrozar la vida.

—No mamá, no les vamos a destrozar la vida.

—¿Y quién les va a enseñar?

—¿Cómo que quién les va a enseñar? Yo.

—¿TÚ?

Dependiendo del caso ese —¿TÚ?— se sirve acompañado de una exagerada y desagradable mueca de incredulidad a modo de guarnición.

—¿Pero cómo vas a enseñarles, TÚ?—

—Mamá, soy su madre, no estamos hablando de física cuántica, sino de las letras, los números, la eme con la a ma...

—Sí claro, ¿y luego?

—Pues igual, ¿qué piensas que aprenden?, ¿cirugía cardiovascular?

Y el tema se queda ahí.

Otras veces te encuentras a tu entorno cercano avasallando a escondidas a tus hijos.

En cualquier reunión familiar la pesada de tu cuñada se dirige a tu hijo entre susurros, intentando que no percibas el tercer grado.

—¿Siete por tres?

—¿Eh?

—Siete por tres, cuánto es.

—¿Tía Amelia, has visto lo que me ha cagado el Tió[6]?

—Niño, no me intentes cambiar de tema. Que cuánto son siete por tres.

—¿Por qué hablas tan bajito?

Tía Amelia intenta mantener la calma con poco éxito.

—¡Dímelo!, qué pasa, ¿es que no lo sabes?

—Veintiuno.

—...

Al cabo de un rato, después de los turrones y alguna que otra copa.

—¿Y la capital de Francia?

—¿Qué? ¿Otra vez hablas así?

—Niño, no te hagas el tonto, cual es la capital de Francia.

—París.

Muchas veces los hijos de estas personas también participan del interrogatorio, imagino que fruto de lo que oyen en casa. Hasta que te plantas. O hasta que tus hijos se plantan.

—¡Que me dejes de preguntar ya, pesado!

---

[6] Fiesta navideña catalana, similar a Papá Noel, en la que un tronco mágico caga regalos a los niños.

Si todavía están en contra, también es muy típico que hagan dudar al niño.

—¿Y tú no quieres ir al coleeeee? ¡Pero si tendrás un montón de amiguitos!

—Ya tengo un montón de amigos.

—Pero si lo vas a pasar muy bien allí, todo el día jugando y aprendiendo.

—No se juega todo el día.

Y entonces los adultos se ponen en plan listo.

—¿Y tú como lo sabes si nunca has ido?

—Me lo han explicado mis padres.

Cosa que hace que te ataquen a ti.

—Claro, ¡si le hablas así del cole no me extraña que no quiera ir!

—Mamá...

—¿Qué?

—Para.

También hay gente te sale con argumentos más surrealistas.

—Los niños tienen que sufrir para aprender...

Te lo dicen en el mismo tono en que habla el capitán elefante de la película "El Niño de la Selva", y tú te quedas mirando la escena con cara de WTF, demasiado aturdido para contestar.

—En el colegio hay ratos que se pasa mal, ¡se sufre!— pronunciado con orgullo y la cabeza bien alta, —pero al final uno solo se acuerda de lo bueno, de la camaradería, de los compañeros...

—Papá.

—¿Qué?

—Parece que estés hablando de la mili.

Poco a poco, vas aprendiendo a delimitar tu espacio. Empiezas dando explicaciones pero si ves que te encuentras ante alguien que viene a crearte un conflicto o a hablar sin escucharte, das la conversación por terminada. Por desgracia hay gente que se mete en tu vida familiar de una manera simplemente imposible de tolerar. Incluso si son personas muy cercanas hay veces que, por la razón que sea, algunos no saben donde están los límites de la privacidad y el respeto y son incapaces de mantenerse al margen de asuntos que no les competen.

—Eso que estás haciendo le va a crear un montón de problemas al niño.

—¿Qué tipo de problemas?

—Le vas a desgraciar la vida

—Esta conversación ha terminado.

—No va a poder...

—¿Has oído cuando he dicho que esta conversación ha terminado?, ¿lo has oído?

—Sí.

—Pues es ahí cuando ha terminado.

Que yo sepa ningún homeschooler va a las familias de su entorno que por ejemplo trabajan los dos hasta tarde y les recrimina su modo de organizarse. Precisamente nosotros, como colectivo expuesto a recibir un sinfín de consejos no solicitados, somos conscientes de que todo el mundo toma decisiones en función de un cúmulo de variables únicas para cada caso. Las circunstancias que influyen las decisiones familiares, ya se eduque en casa, en el colegio o en un internado, suelen ser más complicadas de lo que a simple vista parece y creo que nos iría mejor si cada uno se ocupase de lo suyo en vez de lo de los demás. El deporte de decirle al otro lo que tiene que hacer se podría sustituir por un voto de confianza del tipo:

—Si así lo han decidido, sus razones tendrán.

Y aquí paz y después gloria.

Otra cosa que suele ocurrir mucho es que la familia homeschooler se "arme" de libros, leyes, estudios, conferencias, tesis doctorales, currículums y conversaciones profundas con expertos en varias disciplinas relacionadas con esta opción educativa y la educación en general. También es normal que acaben informándose más sobre estos temas que sobre cualquier otro, sobre todo al inicio de esta etapa de su vida. Incluso he conocido a familias con niños pequeños que, como no tenían relación con nadie que hiciese homeschool, han logrado contactar con padres que solo conocían a través de la prensa y al final han acabado visitando sus casas y conociendo a sus hijos antes de tomar la decisión. Y es normal que esto ocurra, sobre todo cuando uno piensa en el calado de la misma.

Por eso, después de haber estudiado, procesado y valorado tanta información al respecto, siempre resulta un tanto frustrante, sobre todo las primeras veces, cuando se te acerca alguien que sin pensárselo ni basarse absolutamente en nada, más que en "lo que le suena del Sálvame[7]", te suelta un:

—Va a ser un desgraciado.

—¿Ah sí? ¿Y en qué te basas para decir eso? ¿Algún estudio? ¿Algún experto? ¿Algún caso?

O, la pregunta que deberíamos hacerles a todos los que parecen tener ese desagradable piloto automático.

—Pero ¿tú conoces a alguien que haga homeschooling?

—…

Otras veces te encuentras a alguien cercano que simplemente se encabezona en que eso no puede ser y no puede ser, y te salen con argumentos que te dejan con la boca abierta.

—Será justo de entendederas, porque en mi pueblo todos los niños que se quedaban en el campo y no iban al colegio, luego eran más bien tontos.

—Lo que tú digas.

De cara a decírselo a la familia más cercana, hay padres que optan por un acercamiento frontal, sobre todo si avecinan una reacción negativa. Sintetizan sus argumentos y hasta hacen ensayos teatrales sobre cómo va a ir la conversación. Entonces se citan con la otra parte de la familia a solas, sin los niños delante y armados con todas

---

[7] Programa televisivo emitido en España consistente en "tertulianos" que se gritan unos a otros en el plató.

las respuestas posibles. Ponen el tema encima de la mesa, explican sus argumentos y su decisión, responden a las preguntas o dudas, desmienten mitos entorno a la temática. En definitiva, van con todos los ángulos cubiertos. ¿Conclusión?

—Vosotros siempre habéis sido los raros de la familia.

Por otro lado, siempre ayuda el comunicar que no es una decisión inamovible, sino que será revisada periódicamente por los para ver si satisface completamente todas las necesidades de los hijos, cosa que es verdad. También ayuda informar también de que en caso de considerar que el colegio pase a ser preferible, se escolarizará presencialmente sin más dilación. Esto es importante remarcarlo porque en ocasiones, sin que pueda explicar muy bien porqué, algunos familiares piensan que se trata de una decisión imposible de modificar a posteriori.

—¿Pero NUNCA lo vas a llevar?
—Eso no es lo que he dicho.
—¿Ah no?
—No
—¿Y qué has dicho?
—Si me hubieses escuchado... He dicho que de momento lo haremos en casa y después, en función de mil factores, veremos si seguimos en casa o en el cole.
-Pero, ¿cómo aprenderá?
-¿Pero tú me escuchas? Lo haremos en casa.
-¿Y aprenderá?
-Pues claro que aprenderá, de hecho ya hemos empezado y va muy bien.
-Pero entonces ¿NUNCA lo vas a llevar?
-¡Uffffff!

LOS AMIGOS

Antes de que decidas comunicar la decisión a tu círculo más cercano, se van produciendo diversas oleadas de preguntas que van desde la más estricta corrección y casualidad hasta lo puramente inquisitorial.

Cuando son pequeños la expresión a la que más recurren los amigos es

—Pero cuando le toque lo vas a llevar, ¿no?

Y si ya sospechan algo te dicen ese —"¿no?"— cogiéndote del brazo y con una cara como diciéndote —¿VERDAD QUE SÍ?—

Lamentablemente, a veces nos encontramos con amigos o conocidos con hijos que se enteran de nuestra decisión y se lo toman como un ataque a su forma de organizarse. ¡Nada más lejos de nuestra intención! Te empiezan a justificar su opción educativa sin que les hayas pedido ningún tipo de justificación, y no hay manera de detenerlos. Es muy común entonces encontrarnos empantanados en conversaciones muy embarazosas:

—¿Ah, no van al cole?

—Mira, lo hemos decidido así, de momento lo haremos desde casa.

Entonces se desata la avalancha.

—Pues yo llevo al mío porque le encanta, es que le encanta. Siempre me está pidiendo que lo lleve. Aunque al principio lloraba, eh, no te creas. Pero ahora las profes me dicen que se lo pasa en grande. Tiene un montón de amigos. Y además es normal que llore porque todos los niños lloran, pero luego se acostumbran y etc., etc., etc.,.

—Qué bien, me alegro.

—Siempre me dice vamos al cole mamá, vamos al cole.

Aquí te entran ganas de decirles —¡No, pero si no te tienes que justificar, que a mí me parece muy bien que lo lleves al cole!— pero tienes la sensación de que eso no haría más que empeorar las cosas, así que sonríes y te callas.

—Y es que yo tengo que trabajar, ¿sabes? ¿Si no lo llevo al cole, qué hago con él mientras voy a trabajar?

A partir de aquí, te acercas a un punto en el que es imposible articular ningún tipo de comunicación que no lleve a un malentendido.

—Oye, y ¿cómo lo vas a hacer?, ¿vas a dejar de trabajar?

Respiras, pero lo haces como lo haría una ballena perseguida de cerca por un ballenero japonés, ya sabes lo que se avecina.

—Sip.

Y te sumerges de nuevo. La indignación entra en escena.

—¡¿Cómo?! Una mujer tan espabilada como tú, con lo que nos ha costado a las mujeres llegar a este punto. Con lo que hemos tenido que luchar para conseguir la igualdad, etc., etc., etc.,

Ante esto una madre me comentaba:

—Es aquí donde te gustaría poder parar la cinta y explicarle a tu amiga que igualdad para ti no significa que *los dos* miembros de una pareja estén obligados a trabajar para poder llegar a fin de mes, sino algo muy diferente. Igualdad sería, si acaso, que cualquiera de los dos pudiese trabajar y se pudiese vivir con un solo sueldo. Te gustaría decirle que haciéndote cargo de la educación de tu hijo te consideras pagada con creces. Que *para ti* es una opción satisfactoria, que has tomado la decisión conscientemente y sin presiones[8] y que estás feliz de la vida con esta responsabilidad que acabas de adquirir, que tu carrera puede esperar una década pero tu hijo no.

Pero aunque se lo digas, cuesta.

Hay un tipo de feminismo, ese en el que la mujer no es más que un hombre con útero y en el que las diferencias entre sexos no enriquecen sino que discriminan, que acusa muchas veces al homeschooling de herramienta de opresión de la mujer, aunque sea, como la experiencia demuestra, iniciativa femenina en la inmensa mayoría de los casos[9].

---

[8] En la inmensa mayoría de los casos la idea de hacer homeschooling es propuesta por la madre y a quién hay que convencer es al padre.
[9] Para quién quiera conocer más sobre esta cuestión, he recogido diversa información al respecto en el anexo II al final del libro.

Quizás por todo esto, rara es la familia que educa en casa y no se ha encontrado con la espalda de algún familiar, compañero de trabajo o amigo tras la avalancha de demanda de explicaciones que sucede a la comunicación de la decisión a tu círculo social. A veces, personas que hasta entonces considerábamos normales y equilibradas se sienten atacadas por algo que no les afecta y nos salen con reacciones totalmente tóxicas y fuera de lugar.

—No te creas que eres mejor madre por no llevarlo a la escuela.

O bien

—¿Insinúas que no sé cuidar de mis hijos?

Poco hay que se pueda contestar a eso.

Imagino que lo que provoca ese tipo de reacciones tan desagradables es el miedo a lo desconocido, algo muy característico entre los adultos. Los hijos de nuestros familiares y amigos, en cambio, suelen reaccionar de forma muy diferente.

—¿Cómo? ¿Que no vas al cole? ¿Nunca? O sea, me estás diciendo que ¿SE PUEDE NO IR?

Y lo dicen en el mismo tono en que hablaría un adulto que acabase de descubrir que en realidad lo de pagar impuestos es algo totalmente opcional y voluntario. Entonces los que sufren la avalancha de preguntas son los padres.

—Pero mamá tú siempre me has dicho que yo *tenía* que ir. —Dice el niño como si fuese miembro de un alto tribunal militar.

Y a partir de ahí, dependiendo de cada caso, puede que empiecen un tira y afloja.

—Mamá yo no quiero ir al cole.

—¿Qué??? No puede ser. Tú *tienes* que ir.

—¿Por qué?

—Es obligatorio.

—¡Pero qué dices!, si fulano lo hace en casa.

—Ya pero *tú* tienes que ir.

—¿Por qué?
—Pues porque tienes que ir.
—Ya pero ¿por qué?

Todos sabemos lo insistentes que pueden ser los niños y en este caso, especialmente los que por las razones que sean odian ir al colegio, optan por luchar por este salvavidas que acaban de descubrir en mitad del naufragio.

—Mamá, yo no quiero ir, yo quiero que hagamos homeschooling.

—Nosotros no podemos hacer eso.

—Mamá, por favor, me portaré muy bien. Por favor, haré todo lo que tú me digas.

—No. Además nuestro piso es muy pequeño.

—No es pequeño, el suyo es igual de grande que el nuestro.

Las posibilidades que se le acaban de abrir al niño son infinitas y quizás por su condición de niño solo ve oportunidades y ventajas en la nueva opción.

Algunos padres llegan a pedirnos explícitamente que hagamos lo que nos dé la gana pero que por favor no permitamos que sus hijos se enteren de que los nuestros no van al cole. Cosa realmente difícil de conseguir a no ser que al niño le pongamos un bozal. Los niños juegan, interactúan, se explican las cosas, querer esconderlo solo magnifica la reacción.

—¿Cómo que no vas? ¡Mamá, mamá! —dice el niño emocionado cuando finalmente se entera.

—Mamá, que me acabo de enterar de que NO HAY QUE IR AL COLE, SE PUEDE HACER DESDE CASA. —Pronuncia el titular alto y claro, sin ninguna posibilidad de dejar lugar a dudas.

Y mamá nos tatúa la palabra "traidores" con la mirada. Nosotros volvemos a nuestra sonrisa angelical.

Por supuesto, la mayoría de niños están súper contentos con el colegio que han escogido sus padres y en muchos casos la reacción viene dada más que nada por lo novedoso del concepto. Pensemos que hoy en día los niños dedican la mayoría de sus horas de vigilia a actividades relacionadas con la educación y para ellos es como si nosotros nos enterásemos de que no tenemos que ir a trabajar. Pero la cosa tiene trampa, muchos se imaginan que esta opción educativa consiste en pasarse el día en pijama haciendo el vago por casa sin pegar golpe. Se equivocan totalmente. Pasar del colegio al homeschooling es como pasar de trabajar en una oficina a trabajar en casa, de trabajar no te libra nadie.

A veces te encuentras a alguien que hace mucho que no ves y te dice.

—¿Ah, entonces no haces nada?

Y te dan ganas de decirle,

—Pues mira, no. Me levanto a las seis de la mañana pensando en qué temas tocaremos, les explico a mis hijos todo lo que creo deben saber y me busco la vida para que puedan investigar todo lo que les interesa y a mí se me escapa. Si yo no llego busco a otras personas que sean capaces o tengan los conocimientos. Esto puede ir desde cómo hacer una suma hasta aprender a fabricar un instrumento. Luego les ayudo en sus tareas cuando es necesario, los llevo a grupos de socialización, de proyectos, deportes y a actividades extraescolares, vamos juntos a la biblioteca, a la ludoteca y a jugar al parque y con los amigos. Además, aunque mi pareja y mis hijos me ayudan, yo me ocupo de organizar la casa y hacer que todo funcione, lo que implica hacer millones de tuppers de comida al año, ir a comprar, limpieza, y mil cosas más. Por las noches, antes de ir a dormir, les leo durante una hora o dos y luego repaso mentalmente lo que hemos hecho y lo que probablemente haremos mañana. Pero, no, no hago nada, me paso el día en el sofá.

Por alguna razón, si no cobras entonces no estás haciendo nada importante. Una madre que además daba clases particulares lo resumía muy claramente.

—Si doy clases a mis hijos la gente piensa que no estoy trabajando, pero si doy clase a los hijos de otro entonces sí que lo consideran trabajo, es de locos.

Por otra parte, lo queramos o no, las familias homeschoolers acabamos siendo una especie de centro de recursos educativos para nuestro entorno. Es muy reconfortante cuando, por ejemplo, alguien cercano te pregunta cómo hacer esto o lo otro. De hecho, el mayor número de visitas a páginas web del colectivo es gente externa que busca recursos educativos para sus hijos. Incluso conozco el caso de una asistenta social que, sabiendo perfectamente que hablaba con una familia que no llevaba a los hijos al colegio, fue a pedirle por favor a la madre que diese clases particulares a su niña.

En general, al cabo de unos años todos los familiares y amigos que conforman tu círculo más íntimo se van dando cuenta de que tu hijo es un niño normal y feliz, que tiene los conocimientos que ha de tener y es tan sociable como los demás.

–Llega un punto en el que todo el mundo está relajado con el tema. Ya nadie sufre porque todos ven que el niño es normal, tiene amigos, va aprendiendo como todos, se comporta como los demás, es feliz… Cesan los interrogatorios y ves como personas que antes dudaban ahora están contentísimas con tu opción educativa.

Una sección aparte se merecen todos esos amigos sin hijos, en especial alternativos, punkis de postal y Peter Panes, que enfurecen muchísimo al conocer tu decisión. Eso nunca deja de sorprender a nadie. Una madre me comentaba que un conocido suyo que era okupa, reciclaba comida y era muy radical se subió por las paredes en cuanto conoció su decisión.

Digamos que entran en la categoría de personas a las que inconscientemente les gusta decir a los demás lo que tienen que hacer. Por muy librepensadores que se consideren. Por si eso fuera poco, apenas son capaces de aportar argumentos para defender su postura en contra del homeschooling y, como digo, por lo general y para acabarlo de rematar, no tienen hijos.

La chica no daba crédito.

—¿Tú? ¿Tú me estás diciendo que estás en contra del homeschooling?

—Los niños tienen que socializar, además tiene que ir al cole para sufrir y aprender a odiar el sistema.

—Tú estás fatal.

Otra chica tenía una amiga jipi que vivía en la montaña, hacía terapias naturales, estaba totalmente en contra del sistema y tampoco tenía hijos. También enfureció soberanamente cuando se enteró de su decisión. Evidentemente no todos son así, pero cuando te encuentras a alguno llama mucho la atención.

A veces la gente más conservadora es la que más te apoya, porque respetan que hayas sido capaz de tomar una decisión así de importante y porque entienden la responsabilidad que conlleva. Además, la gente conservadora suele tener un gran aprecio por el concepto de familia y son conscientes que a fin de cuentas lo que tú haces implica ayudar a que los valores generales de ese concepto prevalezcan. Esta actitud de respeto también es muy común entre alguna gente humilde, que da mucho valor a que hayas tomado una decisión que crees necesaria y la hayas llevado adelante pese a encontrar serias dificultades.

Hay un dato que suele sorprender: muchos de los padres que educan en casa son profesores, es la profesión más común, y la mayoría de ellos ejerce en la pública. Esto indigna a algunos de sus compañeros de gremio. Aunque no a todos.

—No lo entiendo, es una incongruencia, es como si no creyeses en lo que estás haciendo.

Otros maestros se piensan que si un padre saca a sus hijos del colegio es porque ellos, los maestros, han hecho algo mal.

—¿Pero por qué no los traes? ¿En qué nos hemos equivocado?

Esto puede llegar a sonar cómico por excesivamente paternalista, pero así es la reacción de algunos. En realidad no se han equivocado en nada, la decisión de hacer homeschooling es mucho más compleja que eso y no depende de que los maestros del cole lo hayan hecho bien o mal.

Los padres homeschoolers maestros, que como digo no son pocos, coinciden en que su trabajo, aunque muy vocacional, no deja de ser una manera de ganarse la vida. Ellos cumplen con sus obligaciones laborales de manera eficiente y entregada pero ninguno cree que su oficio deba interferir en su decisión de llevar a sus hijos al cole o no, ni tampoco creen que tengan ninguna obligación moral de llevarlos por el hecho de ser profesores. Una madre me lo resumía muy bien.

—Es como si trabajase en una residencia de ancianos y me reprochasen que no llevase allí a mis padres.

La mayoría coincide en que la preparación que recibe un profesor es para ser capaz de gestionar grupos de 25 alumnos o más, tarea sumamente complicada si la comparamos con hacer homeschooling.

—Explicarle cosas a un solo niño es bastante sencillo, sobre todo en un ambiente de silencio y respeto. No tiene nada que ver con dar clase a 25 niños que no conoces de nada, son cosas totalmente diferentes. Ser profe te prepara para la escuela, para dar clases a grupos.

Muchos otros me comentaban,

—A veces ser profesor es un inconveniente para hacer homeschooling. Sobre todo porque estás acostumbrado a aplicar sistemas diseñados para una escuela. Y si intentas aplicar en casa los mismos sistemas que usan en un aula… es casi imposible que funcione, son cosas muy diferentes. Los horarios por ejemplo, si en un momento dado tu hijo está entusiasmado con una materia ¿vas a decirle que lo deje porque es el momento de cambiar de asignatura? No, sería cortarle la concentración. Eso en la escuela no lo puedes hacer.

¿POR QUÉ HACEMOS HOMESCHOOLING?

> Observando que la naturaleza de su hijo era inflexible y se rebelaba contra toda imposición por la fuerza, pero que por la razón se dejaba guiar con facilidad hacia lo conveniente, trataba convencerle más que de ordenarle, y como no se fiaba por completo de los maestros encargados de su instrucción literaria y musical y de su educación general para dirigirle y darle formación, por entender que era una tarea demasiado importante y, como dice Sófocles, "obra de muchos frenos y timones a la vez" mandó llamar al filósofo más ilustre y sabio, Aristóteles.
>
> –Plutarco sobre Filipo, padre de Alejandro Magno

Hay tantas familias como razones y lo único que podemos afirmar es que más que grupos de razones o de argumentos, lo que existen son dos caminos muy diferentes que acaban llevando a esta misma opción educativa. El 99% de la gente llega por alguno de estos dos caminos.

En primer lugar, tenemos a todas las personas que vienen del mundo de la crianza natural. Familias que se han decantado por la lactancia en demanda, el colecho y lo que en general se conoce como crianza con apego. Sin que esto signifique que el resto de padres no tengan apego a sus hijos, es solo el nombre que se le ha dado a este tipo de crianza. También se incluyen en esta corriente los partos no medicalizados, partos en casa y muchas otras prácticas. Evidentemente, estos no son unos requisitos obligatorios. Hay mujeres que por dificultades que escapan a su control no han podido parir como les hubiese gustado, o no han podido dar el pecho, pero igualmente han acabado practicando la crianza natural. Lo que cuenta es la intención y la visión general de la crianza que estas familias tengan.

Digamos que una cosa lleva a la otra, la lactancia lleva al colecho, el colecho a una crianza con apego en la que se tiene mucho al niño en brazos y se le deja que vaya evolucionando a su ritmo, y a su vez esto lleva a que se piense en él de una manera diferente a como se hace en la crianza tradicional[10].

Todo este pack más el astronómico coste de las guarderías o los imposibles requisitos para acceder a una de precio razonable, culminan en la decisión de no llevarlos a la guardería y hacerse cargo íntegramente en el período 0-3. Tanto los padres como el niño están bien y no le ven el sentido a dejarlo con extraños tan pronto. Su cosmovisión ha sufrido drásticos cambios tras el primer nacimiento. En términos generales, podríamos decir que ven al niño demasiado pequeño como para quedarse sin ellos tantas horas, y a ellos no les hace tampoco ninguna gracia separarse de él tan pronto. Además de ser caras, muchas guarderías dejan bastante que desear, con un

---

[10] Por crianza tradicional me refiero a la que se ha venido llevando a cabo en España en tiempos recientes centrada principalmente en el biberón, el conductismo y las instituciones.

personal insuficiente que cobra menos que el trabajador de un parking. No todas son así, también las hay espléndidas y respetuosas, pero son escasas y caras. Así, debido a este cúmulo de circunstancias, estos padres deciden evitar la guardería y esperar a los tres años.

Son tres años en los que irán entrando cada vez más en este modo de crianza con apego. En el período 0-3 alguno de los padres, normalmente la madre, da con el homeschooling o con información que le confirma que el cole empieza a los 6. Así que esperan. En casa están bien. De hecho, disfrutan con este nuevo modo de vida y por tanto siguen adelante e informándose más. Mientras tanto, el niño va creciendo.

En el período 3-6, se lo empiezan a tomar más en serio. Hay que decidirse y el entorno social les aprieta con las preguntas habituales. Por tanto, suele ser en esta época cuando entran en contacto con otras familias que ya hacen homeschooling, para valorar de qué va esto realmente, qué tipo de gente hay y si les conviene o no. Empiezan a recabar información y a planteárselo seriamente, y finalmente cuando el niño cumple 6 deciden no matricular. Luego llegan los 7, los 8... y así van haciendo. Digamos que es una entrada muy paulatina, la decisión va madurando dentro de ellos y parte básicamente de los principios difusos de la crianza natural.

En segundo lugar, están los que entran de sopetón. Personas con una vida estándar que han dado el pecho o no, han estivillizado o no, han llevado a la guardería o no. Pero básicamente todos han escolarizado con tres años y ni por asomo se les ha pasado nunca por la cabeza no llevarlos al cole. Ocurre que, por las más diversas razones imaginables, sus hijos no se adaptan a la escuela. Tienen grandes problemas, sufren. No nimiedades o paridas sin importancia, sino sufrimientos reales.

Hay niños que han intentado suicidarse, otros que han entrado en depresiones clínicas, otros que han tenido comportamientos extremadamente violentos o extremadamente apáticos, otros a los que les ha tocado recibir golpes y vejaciones todos los días, otros con los más variados diagnósticos. Como es normal, los padres se preocupan e intentan poner solución. Siguen los caminos preestablecidos para estas situaciones. Hablan con psicólogos, pedagogos y técnicos. Mantienen entrevistas con los maestros, con el director del centro y con los diferentes departamentos encargados de intervenir en este tipo de problemas. Muchos logran una solución, pero otros no. Y entonces pasan a hablar con médicos, psiquiatras, terapeutas, asistentes sociales... Cambian de escuela una, dos, tres, cuatro veces, pero nada funciona, su hijo simplemente no está hecho para la escuela.

Los problemas van aumentando en magnitud y los padres empiezan a sentir que literalmente están perdiendo a su hijo. En esto, como en todo, hay grados. Algunos padres reaccionan a la primera de cambio, otros tardan demasiado tiempo y cuando se dan cuenta están todos ya bastante perjudicados. He conocido a familias de todo tipo, en algunos casos se te cae el alma a los pies.

Tarde o temprano estas familias encuentran información relacionada con el homeschooling, es algo que ellos jamás se hubiesen planteado hacer, no va con su talante para nada, pero están en un callejón sin salida y ven como su hijo se acerca a un punto de no retorno. Así que ya les da igual todo, las convenciones sociales, el qué dirán, los argumentos jurídicos... Lo sacan en un acto de desesperación. No es una decisión meditada sino una respuesta a una situación extrema, un impulso. Muchos, una vez toman la decisión, no esperan ni a que acabe el curso escolar, lo sacan y punto, y no les importa lo que la gente pueda pensar.

Normalmente, estos niños mejoran. No es una cosa inmediata ya que es una situación nueva para todos, y en especial la falta de experiencia lleva a los padres a caer en errores de novato, como precipitarse o pedir imposibles. Pero poco a poco todos van aprendiendo. El niño al principio no se lo cree. Ha pasado por tantas terapias y tratamientos que está totalmente a la defensiva, pero con las semanas y los meses se va relajando. Paulatinamente la mejora se hace cada vez más evidente y una vez eso ocurre es casi imposible convencer a los padres de que escolaricen de nuevo. Ellos daban a su hijo por perdido y ahora está bien, es como si tuviese una enfermedad y hubiesen encontrado la medicina que le cura. Ahora ves y convénceles de que deje de tomarla. Como me decían algunos padres –Le dábamos por muerto y ahora nuestro hijo vuelve a estar vivo, todo lo demás nos da igual–. Y ya les puedes explicar que la ley dice esto o lo otro, o que el inspector tiene tal o cual opinión, o lo que quieras. Su hijo ahora está bien y como padres que son, harán lo que sea necesario para que siga estando bien. Esto a lo mejor solo lo entenderá la gente que tenga hijos.

¿CÓMO LO HACEMOS?

Nada es veneno, todo es veneno: la diferencia está en la dosis.

–Paracelso

La práctica del homeschooling hasta ahora, al menos en España, se basa en una constante adaptación y rectificación del método o sistema utilizado por cada familia.

Esto ocurre, entre otras razones, por la inexistencia hasta hace bien poco de una cultura pública[11] al respecto. Justamente es ahora cuando empezamos a tener referentes propios aquí, y esto pasa básicamente por el modo tanto cualitativo como cuantitativo en que nos relacionamos entre nosotros.

La gente que hacía homeschooling hasta mediados de los noventa eran como islotes autosuficientes sin conexión entre ellos y por tanto sin la posibilidad de aprender los unos de los otros. Hoy el intercambio de información entre nosotros es inmenso y constante. En cada encuentro semanal o periódico, cada vez que nos ponemos delante de

---

[11] En el sentido de hecha por el pueblo.

una pantalla, cada vez que nos llamamos o nos escribimos, en todas y cada una de estas ocasiones damos y recibimos información relacionada con la experiencia del homeschool. Esto permite que entre nosotros surjan tendencias, se consoliden puntos de referencia y se descubran nuevas ideas fruto de la mezcla de otras.

Entre los homeschoolers primerizos es común el miedo a no hacerlo bien.

–¿Podré? ¿Estaré a la altura?

Pero en cuanto te pones, te das cuenta de que lo que estás haciendo es perfectamente asumible por cualquier persona normal.

Empezar a hacer homeschooling de cero no es difícil pero da mucho miedo y lo habitual es que nada más empezar metas la pata. El error más común es ponerse con lo curricular a edades muy tempranas, cosa que normalmente es una pérdida de tiempo y a menudo resulta bastante contraproducente. Este empezar prematuro surge más de una necesidad de los padres que de ninguna otra cosa. La inquietud ante la duda de si el niño será capaz de aprender y nosotros de enseñarle hace que los padres se impacienten y quieran comenzar demasiado pronto con el tema.

Empezar antes de tiempo inevitablemente conlleva que el niño no se entere de nada, ya que es demasiado pequeño, y esto a su vez provoca una gran frustración en los padres, pues inmediatamente creen que o bien su hijo es tonto o bien ellos son unos inútiles.

Normalmente, tras diversos intentos frustrados, al final dejan pasar un tiempo y cuando vuelven a intentarlo, los padres ya han intercambiando mucha información al respecto. Han descubierto que una familia a la que conocen personalmente lo hace de una determinada manera y otra persona a la que siguen por internet lo hace de otra, y piensan que a lo mejor si mezclan una idea y la otra, la cosa les funcionará más satisfactoriamente. Así que lo prueban, lo que ven que les funciona lo incorporan a su praxis, lo que les frena lo descartan, así construye cada uno su manera de hacer.

Por maneras de hacer no me refiero solo a materiales o técnicas, sino también y sobre todo a los tiempos —Vaya, la familia tal se esperó hasta tal edad para hacer tal cosa—, las opiniones sobre currículum —Ellos dan estos temas pero no los otros, no se me había ocurrido.—. Cada uno toma sus decisiones y el poder ver otros ejemplos ayuda enormemente a tomarlas.

Otro error de principiante es gastarse una fortuna en material nada más empezar. Esto pasa mucho. Te emocionas al descubrir por primera vez un sinfín de materiales educativos espectaculares, cosas que realmente pueden ayudar enormemente a la comprensión de muchos conceptos curriculares. Entonces la reacción se da en dos pasos. Primero te da rabia no haber podido estudiar con ese material cuando eras pequeño. —J****, mira que hubiese sido fácil entender las raíces cuadradas con esto— y segundo te dices —¿Ah sí?, pues mi hijo tendrá a su disposición todo lo necesario— y te lías a hacer pedidos y compras online. Y luego con el tiempo te das cuenta de que todo ese material es muy chulo pero que al final lo realmente útil es la pizarra de toda la vida y cuatro materiales bastante sencillos y asequibles. Normalmente, para cuando llegas a esa conclusión ya tienes media escuela montada en casa.

Otro error muy común ocurre cuando, por ejemplo, los padres conocen suficientemente bien un segundo o tercer idioma extranjero y no les hablan a los niños en ese idioma desde bien pequeños. Pasa mucho más de lo que cabría esperar. Por alguna razón muchos padres creen que es mejor hablarle en el idioma que dominan más y luego cuando tenga tres o cuatro años ir introduciendo el otro poco a poco, sobre todo si es un idioma extranjero. La realidad es que aprenderán todos los idiomas en los que les hables desde pequeños y si en cambio intentas introducir un idioma nuevo cuando ya hayan aprendido a hablar, les molestará mucho. Porque sabrán que te puedes comunicar con ellos en el idioma que has usado desde el primer día y que ya dominan, y les dará mucha rabia que ahora te dé por hablar como un marciano.

Unas cuantas familias nos dimos cuenta de esto casi por los pelos e introdujimos el idioma extranjero justo cuando la ventana de oportunidad estaba a punto de cerrarse. En los casos que conozco fue el inglés o el francés, y se hizo in extremis. Por suerte, estábamos dentro de plazo y nos fue bastante bien. Otros lo intentaron un poco más tarde y no les funcionó.

En cuanto a los métodos educativos que se usan, en un extremo tendríamos el currículum clásico, con los libros del cole en plan muy E.G.B., los horarios similares a los del cole, exámenes, dictados, problemas de mates, etc. Y en el otro extremo, tendríamos el *radical unschooling*, con sus ambientes preparados y sus padres siempre disponibles.

Ambos extremos tienen mucha fuerza en los E.E.U.U., país de extremos por excelencia. En España, para lo bueno y para lo malo, somos más relajados.

De todas las personas que conozco, Yvonne Laborda es la que a día de hoy más se podría definir como un referente en *radical unschooling* aquí. Si por ejemplo hiciésemos una metáfora geográfica, Yvonne vendría a ser el faro de Finisterre, y lo sería porque sus explicaciones han indicado el camino a muchas personas que andaban a la búsqueda de un punto de referencia en el océano educativo y de la crianza.

En el otro extremo tendríamos a Anna Ferrer, que siguiendo con la metáfora situaríamos en el puerto de Vladivostok respecto a Yvonne y, al igual que ella, ha sido también fuente de inspiración para muchos que vagaban sin rumbo.

La inmensa mayoría nos encontramos en constante movimiento entre las dos, inspirados por ambas, unas veces más hacia un lado, otras más hacia el otro y con esporádicas visitas a alguno de los dos extremos.

Descubriendo qué es lo que nos funciona mejor y adaptándolo hasta encontrar nuestra fórmula personal, en constante cambio y en constante incorporación de nuevas ideas. Es lo que en casa llamamos freestyle.

A mí me influyeron tanto Anna como Yvonne, y en casa hemos aplicado ideas propias de una y de otra, además de muchas otras, claro. Las conozco personalmente a ambas y las aprecio mucho. Entre las dos maneras de hacer no hay ningún tipo de conflicto, una cosa no quita la otra. Como ya comenté, cada familia lleva la educación como considera que ha de hacerlo y luego nos juntamos todos para socializar y pasarlo bien. En nuestra vida social no hay distinciones entre los que hacen clásico puro, los que hacen *radical unschooling*, o los que hacemos freestyle, que somos la inmensa mayoría. Eso son asuntos privados a respetar y que no afectan ni influyen en nuestra vida pública.

El que quiera encontrar más información respecto a cómo hacemos homeschooling puede ir directamente al capítulo de lectoescritura y mates y al de cuestión curricular.

NOMADISMO VS. ASENTAMIENTOS PERMANENTES

El paraíso no existe, ni falta que hace.
–Último Reducto

Existen diferencias fundamentales entre el mundo del homeschooling y el de los proyectos educativos. Para empezar, algo tan básico como el permanecer en un lugar fijo, tal como ocurre en los proyectos, influencia enormemente toda la experiencia social que vaya a sucederse.

Haciendo una observación superficial, podemos afirmar que el homeschooling en cambio viene definido por su carácter más bien nómada. Te pasas los días moviéndote con los niños, yendo de aquí para allí sin depender de nadie, encontrándote con tu grupo normalmente a la intemperie, acarreando tuppers y abrigo, buscando siempre nuevos destinos y habituado a conocer gente nueva constantemente. Nada ilustra mejor esto que un carro de bebé de una madre homeschooler cargado hasta la bandera con todo lo necesario para pasar el día.

Si un grupo no te funciona o una zona no te interesa te vas a otra. En el homeschooling cuando llega una familia nueva no hay espacios ni roles que defender; no hay grupitos porque de existir, estos rápidamente se constituyen como grupos en sí mismos. En caso necesario, el grupo se puede reorganizar de manera muy fluida casi sin esfuerzo, y si alguien no se siente a gusto puede buscar con mucha facilidad una alternativa por un tiempo.

Esto hace que te tengas que relacionar con mucha más gente muy diversa y que lo tengas que hacer en un plano de igualdad. Todos estamos al mismo nivel, no hay estructura ni jerarquía posible ya que no hay nada de la que esta pueda emanar. Posees lo que llevas, nada designa status y todo es de carácter más bien temporal, incluidas las relaciones. Por lo tanto, tiendes a disfrutar lo bueno que haya hoy, y mañana ya veremos dónde vamos, qué hacemos y qué nos encontramos.

Por otra parte, los proyectos educativos implican una estructura en sí mismos. Precisan de edificios, instalaciones, inversiones, bienes materiales... ítems que son un factor absolutamente diferenciador en la experiencia social. Inevitablemente, de ahí surgen roles, jerarquías y normas para el vivir juntos que hacen del mundo de los proyectos educativos un mundo bastante más territorial, sobre todo para los adultos, donde una presencia nueva provoca reacciones más intensas, que no por ello negativas.

En una escuelita, estás atado a la tierra, para bien y para mal. Una familia nueva es una familia que llega al territorio de alguien y que por tanto, deberá invertir tiempo en aprender las normas sociales prácticas de ese sitio. Además, no habrá otra salida a los conflictos que enfrentarse a ellos y la gente incompatible tendrá que ejercitarse para poder estar junta. Por último, todo esto hará que se destinen grandes cantidades de tiempo a debatir sobre la gestión y organización del espacio y del proyecto, tiempo que en los grupos de homeschoolers en cambio se destina a hablar de otras cosas. Son planteamientos diferentes y cada una tiene sus ventajas.

A los niños normalmente todo esto no les afecta, son cosas de adultos. Ellos están encantados de ir a un sitio en el que prácticamente se puede jugar todo el día y hay amigos, sea proyecto educativo o grupo de socialización. Con que el espacio sea lo suficientemente grande o elaborado como para poder estar a gusto y conecten con algunos niños, ya les vale.

Las características de las escuelitas no las considero en absoluto negativas, sino parte inherente a toda organización que pueda considerarse como tal. A la vista está que estos proyectos son interesantes. Pese a su elevado precio, la demanda no para de crecer a un ritmo exponencial y muchos de nosotros si pudiésemos los llevaríamos. En los casos de las pocas escuelas públicas alternativas que hay, las listas de espera son de kilómetros, y la gente hace de todo para poder entrar en ellas. Así, como si se tratase de un barco salvavidas, padres que se han quedado fuera denuncian a otros padres por falsos empadronamientos, falsos informes médicos, falsas situaciones de madre soltera. Tal es la necesidad que hay.

Vale la pena detenerse a observar la creciente cantidad de familias que tienen una férrea determinación por entrar en este tipo de escuelas. Esto es más sencillo de entender al mirarlo desde otro punto de vista: la motivación no viene dada tanto por lo que sus hijos recibirán en ellas, sino por lo que se ahorrarán recibir al no ir a las otras. Esa es, sinceramente, la razón principal.

Cada proyecto educativo es diferente y, al igual que en el homeschooling, todos están también en constante cambio. La gente que interviene en ellos aprende, modifica, mejora o empeora… todo en función de lo que van encontrando y de la propia evolución del proyecto. Como es normal, el reto de hacerlos funcionar es mucho mayor que en el caso del homeschooling donde a fin de cuentas solo nos tenemos que poner de acuerdo con nosotros mismos.

CONFUSIONES HABITUALES

CONFUSIÓN ENTRE PROYECTOS EDUCATIVOS Y HOMESCHOOLING

Cada vez hay más proyectos alternativos que hacen lo necesario para obtener las pertinentes licencias. Sin embargo, otros operan sin ellas y eso, como veremos, acaba siendo un problema para los homeschoolers.

Por mucho que algunos abogados del entorno de estos proyectos consideren que llevar a tus hijos a una de estas escuelitas es lo mismo que hacer homeschooling, la realidad es que la mayoría de administraciones no lo ven así. Muchos de nosotros que hemos acabado en los despachos de altos funcionarios batallando por el fin de la persecución legal del homeschooling, nos hemos encontrado que nada más empezar la reunión nos han dicho:

—Vosotros sois esos de las escuelas ilegales, ¿no? Pues que sepáis que no queremos saber nada de vosotros, que os quede muy claro.

Y no veas el cabreo que nos ha cogido y lo que nos ha costado convencerles de que no tenemos nada que ver con eso. "ESCUELA SIN LICENCIA" es un titular que ningún alto funcionario de educación quiere ver en su distrito.

A nivel legal, una cosa no tiene nada que ver con la otra. El homeschooling tiene un claro responsable, los padres, y se desarrolla en un espacio concreto, el domicilio, aunque no estés encerrado en casa todo el día. Además, no hay dinero de por medio, intermediarios, ni terceras personas.

Las escuelitas en cambio son mucho más complicadas. A menudo los padres no están, ni la actividad tampoco se desarrolla en su domicilio, ni está claro en caso de problemas quién se responsabiliza de qué. Para acabarlo de complicar, hay una compraventa de servicios, con la complejidad tributaria que eso implica. Hay que pagar la seguridad social, salarios según convenio y seguros de responsabilidad civil, las instalaciones deberían estar adaptadas para niños con movilidad reducida, tiene que haber salidas de incendios, etc. Por suerte, el número de proyectos que está trabajando activamente para conseguir su plena homologación no para de crecer.

Otro tema bien diferente son las familias homeschoolers que se unen para poner en práctica su opción educativa de manera común. Es decir, familias afines que se organizan y comparten gastos o espacios. Estos proyectos son diferentes de un lugar donde el principal eje de funcionamiento es que la mayor parte de los días tú dejas ahí a los niños y te vas. No digo que eso esté mal, digo que es diferente.

CONFUSIÓN ENTRE EDUCACIÓN LIBRE Y HOMESCHOOLING

Dentro del mundo de la educación libre existe un largo y apasionando debate abierto que intenta definir la expresión *educación libre* en sí misma. Por tanto, el que desee una aclaración sobre el significado exacto de este término puede sumergirse en dicho debate, que es fácil de encontrar online.

Sea como fuere, la educación libre es solo *una* manera de hacer, digamos un método educativo de entre los muchos disponibles. Respecto a esto, hay bastante confusión. Al nivel más básico, se confunde educación libre con el método Montessori o el método Waldorf, cuando en sus versiones mínimamente genuinas las tres cosas son bastante incompatibles entre ellas. Por último, se confunde también educación libre con homeschooling. Aclarémonos. Homeschooling es el colectivo en su totalidad y dentro de este colectivo hay familias que practican la educación libre, otras que no y otras que un poco.

GENTE A LA QUE NO CONOCEMOS DE NADA

Una de las actividades que las familias homeschoolers primerizas se ven obligadas a practicar a menudo es la respuesta a interrogatorios espontáneos e inesperados llevados a cabo por completos desconocidos. En los pueblos esto suele ocurrir menos ya que todo el mundo se conoce y a todos les interesa ser prudentes e intentar mantener un buen ambiente entre los vecinos. En cambio en las ciudades, debido al anonimato, parece que nadie se corte un pelo.

Suele ocurrir en tiendas, en medio de la calle o en los transportes públicos. Una mujer que no has visto en la vida te da el alto directamente.

–¿Que ya han salido del coleee? ¿O no los has llevado?

Aquí podrías decirle que eso no es asunto suyo o que a ella qué le importa, pero como tenemos una educación y tampoco queremos dar un mal ejemplo a nuestros hijos solemos contestar de manera cortés, sobre todo las cien o doscientas primeras veces.

–No, es que no van.
–¿No van?
La mujer no entiende nada.
–No.

—Pero ya son grandeees...
Y sigue.
—Pero mujeeeer, si les va muy bien ir.
Entonces a veces mientes.
—Están apuntados a un colegio americano a distancia.
—Ah, mu bien, entonces será como si fuesen ciudadanos americanos, ¿no?
—Ehh...
Y por no pararte a explicarle que la matriculación en un cole a distancia se parece a la obtención de la nacionalidad como un huevo a una castaña, les dices.
—Sí, más o menos.
Y te marchas.
En otras ocasiones son nuestros hijos los que contestan antes de que podamos decir nada.
—¿Que no vas al cole?
—No
—Uy, pero si allí aprenderás a leer.
—Yo ya sé leer, ¡leo unos libros así de gordos!
A veces, si da la casualidad que están pasando una temporada agobiados por el bombardeo de preguntas de desconocidos, contestan con evasivas.
—¿Que no vas al cole?
—Sí, sí que voy.
—¿Y ahora por qué no estás en el cole?
—No, es que hoy no he ido.
Y dan el asunto por zanjado.
Hay que tener en cuenta que todas estas preguntas chocan al venir hechas por gente que no hemos visto en la vida. Es como si te parase un completo desconocido por la calle y te preguntase sobre tus vacaciones, tu vida laboral o la salud de tu matrimonio.
Imagino que con el tiempo el reconocimiento social será más amplio y con decir que hacen homeschooling ya bastará. De hecho, muchos padres me han comentado un cambio importante en este aspecto.
—Hace años te preguntaban si eso se podía hacer y hoy

te dicen que han visto un reportaje en la tele sobre familias que educan en casa.

Una familia me comentaba que después de salir en televisión se encontraron a unos conocidos que les dijeron:

–Ayer os vimos en la tele.

–¿Ah sí?

–Sí, no sabíamos que hacíais homeschooling, como sois tan normales.

Pues vale.

Otro de los mitos más destacables es que el homeschooling es una opción reservada únicamente a familias con mucho dinero y grandes mansiones. Ignoro de donde puede haber surgido una idea tan alejada de la realidad pero la verdad es que este mito existe.

–La vuestra es una opción muy elitista.– Me dice una madre de la zona alta a la que no conocía de nada a los dos minutos de enterarse que educamos en casa.

–¿Perdón?

–Sí, no todo el mundo puede permitirse prescindir de un salario. –Me lo dice con la nariz bien alta y mirando por encima del hombro, como si hubiese acabado de destapar una injusticia de proporciones épicas o un gran caso de corrupción.

Silencio. –¿La habré oído bien?– Por si se hubiese quedado corta la mujer decide añadir otra capa de gloria a sus declaraciones.

–Es discriminatoria para la gente con pocos recursos.– Dice con soberbia mientras sostiene las llaves de su Audi A6 en una mano y su iphone de última generación en la otra.

¿Pocos recursos? Precisamente si hay alguien con pocos recursos somos las familias homeschoolers, que tenemos que hacer verdaderos malabarismos con el dinero para llegar a fin de mes. Para el que conozca mínimamente la realidad del asunto, la idea de que somos ricos le parecerá una especie de chiste.

Dentro de la categoría de mitos y leyendas otro muy

común es que somos de una secta. De hecho, en este país el tema de las sectas está muy arraigado en el subconsciente colectivo y todo lo que no sea conocido y practicado por la mayoría desde hace más de cincuenta años, es sospechoso de ser de una secta. Por ejemplo, en el casal de mi barrio el ayuntamiento ofrecía clases de yoga para mujeres mayores y muchas se negaban a ir porque "eso del yoga era cosa de una secta".

Por último, otro mito muy arraigado entre algunas personas especialmente idealistas es que el homeschooling es como un mundo mágico en el que nunca hay problemas. Ni motines, ni momentos duros, ni niños rebotados, ni nada, como si estuviésemos en un cuento de hadas. Eso simplemente es falso. El homeschooling es un camino gratificante y tan válido como cualquier otro, pero al igual que en las demás opciones educativas hay que hacer un trabajo muy importante, en campos que al principio ni nos imaginamos. Claro que hay familias a las que nada les cuesta, como en todo, pero en general los caminos de rosas no existen.

LA SOCIALIZACIÓN

No hablaré en clase.
–Frase que nos hacían copiar 100 veces cuando nos pillaban hablando.

Con el tema de la socialización muchas personas tienen como una especie de automatismo. Es como si se tratase de un arrecife insorteable donde irremediablemente muere la legitimidad de nuestra opción.
–Los niños tienen que socializarse.
Es una de las frases mantra que cada familia homeschooler ha de escuchar durante toda la vida. Se suele oír sobre todo al principio de la conversación. Por eso, cuando yo le explico a alguien que hacemos homeschooling lo primero de lo que le hablo es de cómo cubrimos la socialización. Si simplemente dices que eres homeschooler parece como si la gente se quedase un poco helada y entonces por miedo al silencio te sueltan lo primero que les viene a la cabeza, y lo primero que les viene a la cabeza a menudo es:
–Es que los niños tiene que socializarse.
Pues claro que tienen que socializarse. Menuda novedad. Habrá quien piense que los tenemos todo el día encerrados en casa. Muchas veces me pregunto si no esperarán una

respuesta tipo.

–Vaya, pues no se me había pasado a mí por la cabeza que el niño tiene que socializarse, mira, mañana mismo me voy a poner con este tema.

Paradójicamente, en la escuela a la que yo fui si te querías socializar tenías que hacerlo o bien durante la escasa media hora del patio o bien a escondidas durante las clases. Allí se iba a estar calladito y atendiendo al profesor, y si hablabas, castigado al pasillo o a copiar cien veces. Era algo tan habitual que a veces cuando estábamos aburridos en clase nos dedicábamos a copiar largas hojas de "no hablaré en clase", para cuando nos castigasen por hablar.

Cualquiera que conozca a familias homeschoolers podrá atestiguar que los niños no tienen problemas para relacionarse con otras personas. Además, durante milenios no ha habido escuelas y los niños han tenido tantas o más habilidades sociales que ahora. Como ya expliqué al principio, las habilidades sociales son algo que no te enseñan, lo desarrollas a base de relacionarte con otras personas. Un niño que vaya al cole y luego no se relacione con nadie puede ser mucho más asocial que el más asocial de los homeschoolers. Todos hemos visto en los patios de nuestros colegios a niños marginados en un rincón durante años, sin apenas relacionarse con nadie e incapaces de hacer amigos. No me refiero a niños que se lo pasaban bien solos, sino a auténticos inadaptados sociales. Esto en el homeschool no lo he visto quizás porque, como decíamos en uno de los panfletos de la Coordinadora, "no hay homeschooling sin socialización".

SERVICIOS SOCIALES

Suena mi móvil a las tres del mediodía y es un padre, de los nervios.
–Sí, hola, me han dado tu teléfono y...
–...¿y?
–Es por esto del homeschooling...
El hombre parece preocupado así que voy directamente al grano.
–¿Pasa algo?
–Bueno es que me gustaría informarme.
–¿Y qué quieres saber?
–Bueno es que tengo cita con la asistenta social y no sé qué he de decirle.
"No sé qué he de decirle" nunca es buena señal. Suele ser la antesala de una larga retahíla de quejas tipo "es que no hay derecho", "yo no lo entiendo", "fíjate lo que me han dicho", "esto es una injusticia", y otras. En modo bucle durante aproximadamente una hora o más. Es algo con lo que al principio eres muy empático pero que cuando ya lo has oído una docena de veces te empiezas a cansar. Siempre es lo mismo, gente que ha vivido sin molestarse en informarse lo más mínimo sobre nada relacionado con lo legal/administrativo. Gente que no se ha involucrado

con ninguna asociación porque ellos son súper guays e independientes y pasan de estos temas tan aburridos y *uncools*, cosa que me parece muy legítima. Pero luego, al primer contratiempo se ponen en un plan súper exigente con las asociaciones, pidiendo que les solucionen los problemas a la voz de ya. Se hace lo que se puede por ellos pero si en vez de ser tan independientes, guays y desligados de todo trabajo asociativo hubiesen tenido algo de implicación, igual se podría haber hecho mucho más, no ya por ellos, sino por todos. O incluso todos los problemas de este tipo estarían ya solucionados. Pero bueno, es igual, así que prosigo con las preguntas.

–¿Y cuándo tienes cita con la asistenta?

–Estoy en la puerta, tengo que entrar en un minuto.– Me lo dice tal cual.

–Vaya– pienso yo –Este tío es el puto amo.– El hombre prosigue.

–Oye, y desde la asociación, ¿me podéis ayudar? Es que me gustaría ser socio.

Por alguna extraña razón, que ruego alguien me explique, muchas personas están convencidas de que pueden hacer lo que les dé la real gana y, si acaso hay problemas de algún tipo, todo lo que tienen que hacer es asociarse y ya está. No sé de dónde puede haber surgido un razonamiento tan absurdo como este, pero la verdad es que existe y es muy común.

–¿Asociarte? ¿Y para qué quieres asociarte?

–Bueno, para que me ayudéis. Yo ya he enviado la solicitud, eh. Con eso ya está, ¿no?

En realidad no, con eso no bastaba, para nada, pero pienso que no es el mejor momento para explicarle los requisitos de entrada, así que prosigo con las preguntas.

–¿Y cuándo dices que tienes la reunión?

–Pues como en unos treinta segundos, ¿qué le he de decir? Oyes, pero yo ya soy socio ¿no?

Uffffffff.

–Es que es una injusticia, han dicho que tal y pascual, y no

hay derecho, etc., etc., etc.
Por desgracia el mundo no funciona como mucha gente cree. Existen leyes, procedimientos, protocolos, y "que no te parezcan bien" no significa que no te afecten. El Estado y sus poderes son inmensos, y entre ellos está el poder de escolarizar a los niños si lo cree conveniente. Eso es así. Servicios sociales no es particularmente el malo de la película, es solo un departamento normalmente desbordado y falto de recursos donde va a caer todo con lo que nadie más quiere lidiar.
Pensemos por ejemplo en una ciudad como Barcelona o Madrid, ¿qué tipo de casos van a parar a servicios sociales? Esa familia con la madre prostituta y el padre yonki en la cárcel, a servicios sociales. Esa familia recién llegada de la otra punta del mundo que no sabe el idioma y a la que hay que explicar cómo funcionan las cosas más básicas aquí, a servicios sociales. Parado de larga duración depresivo, a servicios sociales. Madre soltera que necesita una ayuda, a servicios sociales. Enfermedades mentales, a servicios sociales. Tercera edad, a servicios sociales. Maltrato, a servicios sociales. Abusos, desamparo, dejadez, marginalidad, reinserción social, malnutrición, violencia, pobreza, abusos, criminalidad… a servicios sociales. La lista es casi infinita. Por eso, cuando reciben la noticia de que "hay una familia que no lleva los niños al cole" lo primero que les viene a la cabeza no es una madre homeschooler preparando tuppers para ir al parque o leyéndoles a sus hijos en la cama, sino que instintivamente y casi como un acto reflejo piensan que tendrá que ver con alguna situación de marginalidad extrema y peligro, porque eso es lo que están acostumbrados a ver.
Asistentes sociales los hay de todos los tipos, y al saber que una familia hace homeschooling tanto pueden felicitarles y decir que les encanta la opción educativa que han escogido, como agarrar a esa misma familia y decirle que la van a mandar a fiscalía. Hay de todo y depende total y absolutamente de con quién te encuentres. Unos no hacen

nada, otros abren un expediente que cierran una vez comprueban que los niños están bien, otros pese a comprobar que todo está correcto, pasan el expediente a otro departamento. Es un poco un caos. Una vez incluso nos llamaron de servicios sociales de un pueblo, decían que tenían el caso de una familia homeschooler y preguntaban qué debían hacer. Les asesoramos muy gustosamente.

Otras veces ocurre que la persona de servicios sociales conoce muy bien a la familia homeschooler. Por ejemplo, un trabajador social de un pueblo pequeño me comentaba que conocía al padre de una familia desde que los dos eran niños.

—¿Cómo le voy a denunciar?— Me decía. —Llevamos yendo a pescar juntos toda la vida, ¿qué se supone que tengo que hacer? ¿Enviarlo a fiscalía? ¿Por qué? Sus hijos están fenomenal, ¿por qué le iba a hacer pasar yo por eso? En Alemania pasa algo parecido, la ley dice una cosa pero es algo tan desproporcionado que muchos funcionarios alemanes, aún siendo cuadriculados como son, a menudo miran hacia otro lado por no hacer pasar a una familia por lo que legalmente le tocaría pasar[12].

---

[12] Spiegler,Thomas, 2009. *Why state sanctions fail to deter home education: An analysis of home education in Germany and its implications for home education policies.* Los Angeles, London, New Delhi, Singapore and Washington DC. Theory and Research in Education

LA REGULACIÓN DEL HOMESCHOOLING

> Juicios tengas, y los ganes.
> –Maldición gitana

De todas las familias catalanas que conozco personalmente, que deben ser unas 100, solo sé de dos casos que hayan acabado condenados a escolarizar por orden judicial.

En el primero de los casos, el padre tenía un hermano, sus padres acababan de morir y entre los dos se tenían que repartir una herencia sustanciosa. Como no se ponían de acuerdo con el repartimiento el otro hermano lo denunció por hacer homeschooling, para intentar machacarle y que cediese con la herencia. Contrató a un abogado y se presentó como parte acusadora en el juzgado, contra su hermano, por no llevarlos al cole, para ver si así daba su brazo a torcer; la gente es así de maja.

En el segundo caso que conozco, el padre estaba muy involucrado en una cooperativa agrícola de su zona, parece ser que había otros productores competidores a los que no les beneficiaba nada su trabajo y le denunciaron repetidamente al *síndic de greuges*[13] hasta que la cosa llegó a fiscalía. El principio era el mismo, destrozarle la vida basándole en el homeschool para que cediese en un tema económico.

Estos son, como digo, los dos casos que conozco personalmente en los que se ha hecho uso de la ley en Catalunya para escolarizar a menores homeschoolers, y demuestran hasta qué punto somos vulnerables.

Nadie quiere que le controlen, yo tampoco, pero considero preferible una regulación razonable del homeschooling a vivir pendientes de quién nos va a denunciar y qué pasará luego.

Por muy inocente que seas, defenderte ante juez y fiscal de por ejemplo una acusación de incumplimiento de las obligaciones de la patria potestad no es ninguna tontería. El proceso en primera instancia puede durar un par de añitos buenos. Y puede incluir visitas de la DEGAIA, dar explicaciones a diestro y siniestro y por quintuplicado, que te vengan los Mossos a casa a citarte a las tantas, que tus hijos tengan que declarar ante el juez y/o el fiscal, informes de servicios sociales y un largo y desagradable etcétera. Tiene que ser insufrible. Además del coste en abogados, procuradores, tasas, tarifas y minutas e innumerables horas de tu tiempo, que nada de esto es gratis.

Hacer homeschooling ya es suficiente complicación en sí misma como para que encima tengas de cargar con un peso de este tipo, o con la amenaza constante de un proceso que no sabes nunca cómo va a acabar. Cierto es que de todas las familias que hay solo unas pocas tienen que dar explicaciones a la administración, y que de estas solo unas pocas llegan a fiscalía, y que de estas solo unas pocas van a juicio, y que de estas solo unas pocas acaban en condena. Pero hay que vivirlo o estar cerca de alguien que lo está viviendo para saber el calvario que supone.

---

[13] Defensor del pueblo en Catalunya.

Por eso pedimos que se cambie el *no sistema* actual por un sistema como el que usan Portugal, Francia, Irlanda, Reino Unido, Dinamarca, y muchos otros países de nuestro entorno. Basado en un listado de derechos y deberes para los que queramos hacer homeschooling. Y una vez hecho esto, si algo ha de llegar al sistema judicial que sea por causas reales, no porque a un familiar loco o a un competidor laboral le ha dado por destrozarnos la vida.

¿Sería preferible estar legalizados sin regulación? Sí. ¿Va a ocurrir eso? No. Nunca. Los Estados, y mucho menos el español, jamás legalizan nada sin regularlo. Pensad en cualquier tema que de la noche a la mañana haya pasado a ser plenamente legal, siempre ha sido regulado. No hay legalización sin regulación. Esto es así.

MADRID

Hacia mediados del 2012 me involucré bastante en el intento de regular el homeschooling a nivel estatal que se llevó a cabo desde las asociaciones. Por entonces se empezaba a cocer la LOMCE, y con suerte y tesón Juan Carlos Vila consiguió que mediante su asociación un parlamentario del partido del gobierno, relacionado con educación, accediese a reunirse con el colectivo homeschooler en el Congreso de los Diputados. Esa iba a ser la primera reunión de muchas.

Él bien podía haber decidido ir solo a esa reunión, a fin de cuentas la había conseguido solito. Pero, en un acto que aunque luego le llevaría infinidad de problemas sin embargo siempre le honrará, decidió invitarnos al resto de asociaciones de homeschoolers de España: ALE, la Coordinadora Catalana, una embrionaria PLE y la asociación de Evangélicos Homeschoolers, a acompañarle.

Debíamos ponernos todos de acuerdo en un montón de cosas y la tarea no iba a ser en absoluto sencilla.

Para empezar, la Coordinadora Catalana, de la que fui portavoz durante la mayor parte de este proceso, es producto de una escisión de ALE realizada, como todas las escisiones, de manera bastante traumática. Además, la entonces incipiente PLE acababa de ser fundada por una ex presidenta de ALE, que había dejado esa asociación tras apenas dos semanas en el cargo y no sin polémica. Por último, estaba la también recién estrenada asociación de evangélicos homeschoolers que son gente bastante tranquila y en general no quieren malos rollos con nadie.

Las dos principales asociaciones, ALE y la Coordinadora, habían vivido la una de espaldas a la otra desde el momento de la escisión, hacía cosa ya de tres o cuatro años. ALE no tenía casi ningún socio en Catalunya y no organizaba ninguna actividad de ningún tipo en "nuestro" territorio. En el resto del Estado organizaba eventos, iba a hablar con la administración, daba charlas, hacía salidas, montaba encuentros... En Catalunya todo eso lo hacíamos nosotros, era como un pacto no escrito, nosotros aquí, ellos allí. Ellos a su manera, nosotros a la nuestra.

Había también grandes diferencias entre las dos asociaciones. La Coordinadora era una entidad con unos requisitos de entrada muy estrictos que solo permitía ser socio a familias homeschoolers, sin contar como homeschoolers a la gente de las escuelitas, ni a las personas sin hijos en edad escolar, ni a las familias que llevaban a los niños al cole aunque fuesen muy afines a la causa. Además, todos los socios debían residir en Catalunya, estar a favor de que se regulase el homeschooling[14] y tener como mínimo el aval de dos familias ya socias. Requisito este último que pese a sonar complicado era bastante fácil de conseguir. ALE, en cambio, era mucho más flexible con sus requisitos de entrada ya que no importaba el lugar de residencia, ni si tenías hijos o no, ni si iban al cole o no, ni si estabas a favor de la regulación del homeschooling o no. Por tanto ¿cómo llevar a cabo esta alianza?

Había heridas difíciles de sanar. Los fundadores de la Coordinadora habían marchado de ALE tras lo que

---

[14] Respecto al *cómo* se entendía que de la manera más beneficiosa posible para los homeschoolers siendo, eso sí, mínimamente realistas respecto a lo que se puede llegar a conseguir.

calificaban como un golpe de estado. Habían logrado formar una asociación nueva y no querían ni oír hablar de la antigua, para ellos era un mal recuerdo del pasado del que por suerte habían logrado salir airosos. Pero por otra parte, en las dos asociaciones había un buen número de gente nueva y dispuesta que, como yo mismo, entendíamos el recelo existente pero al no haber vivido la escisión en primera persona nos podíamos tomar aquel momento de manera más objetiva. Quizás sí que era hora ya de reconciliarse.

El proceso de Madrid, que es el nombre con el que nos referimos a este período en todos los correos de esa época, fue muy productivo en diferentes sentidos. Para empezar, en ALE se tuvieron que poner de acuerdo sobre su posición respecto a "regulación sí o regulación no", tema del que llevaban sin hablar desde hacía ya demasiado tiempo y que acabó con un sí definitivo. Hito histórico en sí mismo, ya que este era uno de sus objetivos fundacionales del que se habían desviado durante algunos años.

Después nos tuvimos que poner todos de acuerdo en qué íbamos a pedir, cómo lo íbamos a pedir, quiénes íbamos a ir y un largo y tedioso etcétera.

Quiso la providencia que en ALE aterrizase la persona ideal para ser su portavoz durante el proceso de Madrid. En una asociación de corte más bien relajado e idealista, apareció una persona serena y razonable, con muchos y muy buenos contactos y con ganas y capacidad de trabajar, Sergio Saavedra.

No sin esfuerzo, conseguimos eliminar las invitaciones a la división que surgen desde el primer momento en este tipo de asuntos: unos querían que fuésemos a defender su método educativo a toda costa, otros que nos basásemos en unos principios ideológicos determinados, otros que pidiésemos la Luna y el Sol, otros que exigiésemos esto y lo otro, otros que ya qué íbamos pidiésemos lo de más allá... Nada de esto tenía ningún tipo de sentido.

Debíamos presentarnos como un bloque: *un* solo colectivo, perteneciente a *un* solo movimiento y con *una única* demanda, lo demás eran distracciones y recetas para el fracaso.

Desgraciadamente, por el camino tuvimos que ceder en algunas cosas. En situaciones como estas a veces la gente se pone muy nerviosa y le da demasiada importancia a las emociones y los sentimientos, y demasiada poca a la razón. Así que por culpa de eso, desde un principio tuvimos que renunciar a incluir a las escuelas a distancia en nuestra estrategia de presentación, cosa que ahora me doy cuenta fue un error garrafal. ALE tenía algunas razones para oponerse al concepto de escuelas a distancia en ese preciso momento: habían tenido problemas con socios dedicados a este negocio y justo entonces estaban intentando solucionar el tema. Pero nosotros en cambio no habíamos tenido ningún tipo de problema con este asunto, y hubiésemos podido defender mucho más la inclusión del concepto en nuestra estrategia común, hacerles ver que era algo a valorar. No lo hicimos por culpa de nuestro histerismo interno y ahora me arrepiento bastante.

Nada sería más fácil para un ministerio de educación, del color que sea, que declarar públicamente que los alumnos inscritos en las escuelas a distancia de países con los que España tiene convenio educativo cuentan a todos los efectos como escolarizados. Esto, que es algo fácil de entender y que sería una meta relativamente sencilla de conseguir, solucionaría todos los problemas a la vez. Pero no. La gente soltaba espumosos emails largos como pergaminos sobre las maldades del capitalismo salvaje, encarnado, parece ser, en dichas escuelas. Que no digo yo que el capitalismo sea bueno ni malo, ni que haya escuelas de este tipo buenas ni malas, pero si el problema era el coste o funcionamiento de algunas de las miles que deben existir, bien nos podríamos haber organizado las familias de toda España para conseguir un trato que nos favoreciese y fuese asumible por todos. ¿O alguien piensa que miles de potenciales clientes no tienen poder de negociación si están unidos?

A todo esto se añadía el agravante de que Juan Carlos trabajase como director de la sucursal de una escuela a distancia en España, hecho que en sí mismo era visto por el sector más irracional del colectivo como prueba irrefutable de que su interés en las reuniones era puramente personal. Nada importaba que hubiese sido precisamente él quién consiguiera el contacto, ni que nos hubiera invitado a todos pudiendo ir solo, ni que de lograrse algo quién iba a salir perdiendo era él. Nada. Desde un principio fue declarado culpable e invitado a marchar, cosa que resultó bastante patética de ver. Su intención nunca fue la de hablar de escuelas a distancia en las reuniones que tuvimos con técnicos y políticos. Respecto a eso, todos los asistentes a dichos encuentros podrán atestiguar que en ninguna de ellas sacó el tema; cosa que quizás deberíamos haber hecho como colectivo, y nos hubiera ido mejor.

Hay que pensar que a nivel técnico cambiar una ley no es pim pam. Los artículos que componen las leyes están entrelazados con los de otras leyes. Por tanto a menudo, y en especial en el asunto que nos ocupa, cambiar algo que parece sencillo, como un simple artículo de dos líneas, implica montar un follón considerable. El resto de leyes y artículos que están relacionados con el que se quiere cambiar deben ser revisados y si acaso modificados para que no haya contradicciones entre ellos. Esto a su vez implica la revisión de otros artículos que están entrelazados con estos últimos para ver nuevamente si no hay contradicciones entre ellos. Y eso es una tarea complicada en exceso. A esto añádasele el hecho de que la ley más complicada de hacer en España es siempre la ley de educación. Los partidos se pueden poner de acuerdo en sanidad, en pensiones o en la ley electoral, pero una ley de educación es siempre un sangriento campo de batalla. Por eso la solución legal de las escuelas a distancia hubiese sido la estrategia ideal, porque no hubiese implicado cambiar casi nada ya que España ya tiene convenio educativo y de convalidación con países que tienen homologadas en su sistema educativo escuelas a distancia para el periodo 6-16 años. Por tanto, se hubiese tenido que pedir muy poca cosa y muy razonable, algo que en estas situaciones siempre es de agradecer. Pero como digo, no pudo ser.

Ya desde antes de la primera reunión esta cuestión quedó total y absolutamente vetada a nivel interno del colectivo, bajo amenaza de histerismo total y acusaciones de capitalista, nazi, misógino… en definitiva, de todo el pack no-tengo-argumentos, a quién propusiese lo contrario. Fue una pena anteponer las emociones al debate y a la razón ya que así en vez de ir por un camino relativamente fácil, corto, sencillo y asumible, nosotros, un colectivo formado por humildes padres y madres homeschoolers sin financiación ni apenas tiempo libre y con escasos contactos, tuvimos que ir por el otro camino. El de intentar cambiar, nada más y nada menos, que la ley que rige la educación obligatoria en España. Ahí es nada.

Escuelas a distancia a parte, en la Coordinadora nos fue relativamente fácil ponernos de acuerdo y durante largos meses trabajamos en un ambiente de concordia muy productivo, unidos como la piña de un *castell* y sacando ingentes cantidades de trabajo adelante. En España no se había hecho nada parecido desde hacía por lo menos un lustro y lo que se había hecho era en comparación más bien poco, así que prácticamente partíamos de cero. Había documentación que crear, legislación internacional que recopilar y traducir de sus variados idiomas, documentos que maquetar, empaparse al 100% de toda la legislación española respecto a la educación obligatoria, que no es poca, conseguir informes, hablar con expertos, recopilar argumentos, hacer contactos, preparar reuniones, definir la estrategia, ponerse de acuerdo en mil y una cosas. Y aparte, ir allí y convencer a políticos y técnicos. Y eso era la parte fácil. La inmensa mayoría de los políticos están de acuerdo en que hay que hacer algo razonable respecto al homeschool. La cuestión es cómo haces que la maquinaria legislativa y/o ministerial se ponga a trabajar en esa dirección, ahí es donde está el reto. A medida que avanzó el proceso, se produjeron bastantes reuniones en Madrid en las que no por casualidad cada vez subíamos más en el organigrama. Debíamos presentar propuestas cada vez más concretas y, por nuestro carácter, las queríamos presentar consensuadas por las asociaciones de homeschoolers.

Presentar un texto como propuesta, el texto que tú quisieses que fuese ley, no es tarea fácil. Lo más idiota es pensar que hay que pedir el máximo y que "luego ya lo rebajarán". No. No funciona así. Si se presenta algo ha de ser algo realista y aplicable. No pides un millón de euros por tu coche de segunda mano y esperas a que te llamen compradores y "ya rebajarán", pides algo razonable. Con esto lo mismo.

Juan Carlos abandonó el proceso cuando vio que la cosa ya estaba lo bastante encarrilada y que podíamos seguir solos. Lo cierto es que la presión a la que se le sometió durante meses fue un espectáculo esperpéntico pero, aun no sé bien cómo, la supo aguantar el tiempo suficiente, cosa que es de agradecer ya que sin su aguante sin duda todo se hubiera desmoronado en las primeras semanas. La PLE también dejó el proceso un poco más tarde y al colectivo Evangélico le parecía bien cómo íbamos avanzando. Así que a nivel práctico las decisiones, y en especial el texto final a presentar, lo teníamos que consensuar entre ALE y la Coordinadora, que a fin de cuentas éramos las únicas que en aquella época aglutinábamos a números significativos de homeschoolers.

Fue increíblemente difícil ponernos de acuerdo, más teniendo en cuenta nuestros respectivos orígenes. Primero en la Coordinadora consensuamos nuestro texto en asamblea y por unanimidad, sin demasiadas complicaciones. Luego ALE in extremis lo consensuó también. Estuvieron a punto de no hacerlo y de pedir cosas a todas luces imposibles, pero en el último momento y tras un día de frenéticas llamadas y conversaciones, se convencieron, a escasas horas de la fecha límite, de la necesidad de presentar algo razonable. Así que presentamos un texto consensuado al 100% por las dos asociaciones de España. Un texto representativo de un solo colectivo, perteneciente a un solo movimiento y con una única demanda. Para mí marcó un hito y me lo tomé como la prueba fehaciente de que entre ALE y la Coordinadora habían cesado las hostilidades, ya no vivíamos de espaldas.

El precio no fue en vano. A medida que el proceso fue avanzando, los que más dimos la cara tuvimos que enfrentarnos a una campaña de desgaste por parte de personas que nos acusaban de todo. De querer negociar una regulación en solitario, de querer lucrarnos, de trabajar para que la gente se fijase en nosotros, de mentir, de esconder información, de fachas, nazis, y totalitarios (eso siempre queda bien), de no informar a tiempo, de tener una agenda oculta, de engañar al resto de familias, de mantener comunicaciones secretas... En una calumnia continuada y estúpida que solo consiguió debilitarnos como colectivo. Porque al final, si no conseguimos más, fue única y exclusivamente por culpa de estos pocos trolls locos del coño que desde dentro sembraron la discordia y la desconfianza un día tras otro. Un grupo es muy difícil mantenerlo unido, más si alguien se dedica a calumniar como deporte. En su unidad y en su llevarse bien descansa su fuerza. De habernos mantenido unidos y bien organizados ya tendríamos la regulación, y no habría familias siendo perseguidas y machacadas sin ton ni son. Esto no es ninguna exageración. La gente subestima enormemente lo que puede llegar a conseguir si se organiza y trabaja duro y con coordinación, pero a la vista está que no todo el mundo puede estar a la altura de las circunstancias. Eso es así y deberá tenerlo muy en cuenta quién en el futuro quiera seguir adelante con la tarea que nosotros dejamos a medias.

Pese a no lograr el objetivo principal que nos habíamos marcado, es decir, la inclusión de nuestro texto en la ley, y pese a que la ley lo recogiese de otra manera más diluida, el esfuerzo fue una experiencia importantísima para el colectivo. Durante los más de dos años que estuvimos en activo pudimos acercarnos a una gran cantidad de políticos y a gente con poder real e informarles de la diferencia entre homeschooling y dejadez, cosa que era importante aclararles si se tienen en cuenta los exorbitantes poderes de que disponen estas personas.

Transmitimos una imagen de quienes somos realmente los homeschoolers y sobre todo dejamos claro quienes *no somos*. Aprendimos el funcionamiento real de la maquinaria legislativa, algo harto complicado si no lo vives. Cómo se hace una ley, quién decide qué, qué actores hay, qué procesos hay, no solo teóricos, sino prácticos. Cómo se organizan los partidos políticos, qué es una disposición adicional, en qué puntos puedes incidir, qué es un proyecto de ley, qué es una proposición no de ley, qué les preocupa a los políticos, qué les preocupa a los técnicos, qué no les preocupa, cómo son, qué diferencia hay entre gobierno y partido, aunque sean los mismos, cómo se hacen las cosas, qué se espera de ti y qué no se espera de ti, qué itinerario hay que seguir, etc., etc., etc. Y aparte, como colectivo no solo acercamos a las dos asociaciones, es decir, a los homeschoolers, sino que durante la mayor parte del tiempo trabajamos en grupo y de forma eficaz, uniéndonos mediante nuestro esfuerzo y haciéndonos por tanto cada vez más fuertes. Por último, pusimos cara al homeschooling. Confío que esto haga bastante difícil que a partir de ahora las personas a las que vimos legislen activamente en nuestra contra. Quizás no legislen a favor, pero espero y deseo que tampoco lo hagan en contra. Y si así es, para mí de momento ya habrá valido el esfuerzo.

ESFUERZO, ORGANIZACIÓN Y AUTODISCIPLINA. ÚNICA VÍA PARA EL FIN DE LA PERSECUCIÓN LEGAL DEL HOMESCHOOLING

> No es que consideremos al que no participa en estos asuntos como poco ambicioso, sino como un inútil.
> —Pericles sobre la democracia ateniense.

Mucha gente leerá el título de este capítulo y automáticamente pensará que estamos hablando de cosas de fachas. Y si lo pensamos es un tanto triste que la primera reacción ante algo tan magnífico y gratificante como esforzarse por un objetivo que beneficie al grupo, organizarse con otros que quieren lo mismo y disfrutar del proceso aplicando todas nuestras capacidades de manera eficaz sea automáticamente calificado de nazi. Y que en cambio el derecho a no hacer nada, a quejarse de todo y a degenerar como persona se considere libertad. Por eso era importante escribir este capítulo.

Lo que un grupo de personas organizadas puede llegar a

conseguir es muy superior a la suma de sus individualidades. Es decir, si se organizan conseguirán mucho más que si trabajasen individualmente y sumasen los resultados de todos sus esfuerzos. Esto ha sido así desde siempre y funciona igual en todo el mundo. El ser humano para ser efectivo, para sobrevivir, se organiza.

El final de la persecución del homeschooling solo puede ser fruto de la organización y el trabajo de los implicados, es decir, de nosotros, los homeschoolers. Está bien si uno no quiere hacer nada al respecto, es algo legítimo y no todos disponemos siempre del tiempo ni de las ganas, pero debe quedar claro que no hay nadie en ningún despacho, en ninguna oficina, ni en ningún organismo que vaya a luchar por la solución de nuestros problemas como colectivo. *No hacer* es legítimo, *no hacer* y llorar, no.

La gente sin hijos, o con hijos que van al cole o con hijos mayores de edad, puede ser muy afín a nuestra opción educativa, puede darnos ánimos, apoyo y asesoramiento experto si está capacitada, puede estar cerca nuestro. Pero el trabajo real y efectivo, el esfuerzo tangible, la toma de decisiones y por supuesto el liderazgo, solo lo podremos llevar a cabo nosotros, los homeschoolers.

Considero lógico, y en sí mismo evidente, que la estrategia debe ser diseñada y aprobada por las personas que la van a tener que llevar a cabo, más si en última instancia estas van a tener que sufrir sus consecuencias, ya sean buenas o malas. Sería por tanto un poco estúpido dar voz y voto a personas que por ejemplo no tienen hijos o los llevan al cole. Esto ya se ha probado en el pasado y el resultado es que estas personas, al no tener que sufrir las posibles consecuencias, tienden a promover y votar estrategias problemáticas y/o absurdas.

EL OBSTÁCULO
El principal obstáculo que se encuentra hoy cualquier persona que quiera organizarse para lograr unos objetivos comunes, léase en el caso concreto que nos ocupa el fin de

la persecución del homeschooling, es el pánico patológico de ciertos individuos a todo lo funcional (sic).

Estos perfiles se han esculpido hasta llegar casi a la perfección, encontrándonos entonces con personas que literalmente ni hacen ni dejan hacer, como si les fuese la vida en que nada saliese adelante.

Esta fobia a la funcionalidad se intenta esconder bajo una especie de ideología de la libertad, entendiéndose esta como la libertad de no esforzarse, de poner problemas a todo, de enfrentar al grupo constantemente y, sobre todo, de mandar o, haciendo servir el eufemismo más utilizado, "dar ideas" (sin dar un palo al agua). Como si fuesen ideas y no gente para llevarlas a cabo de lo que vamos escasos.

EL EQUIPO

Visto el obstáculo, el equipo que trabaje activamente por el fin de la persecución legal del homeschool debe estar formado únicamente por personas de calidad. Para tener calidad no hace falta que sean personas extraordinarias en ningún sentido académico, técnico o cognitivo, sino en el sentido humano; honestas, trabajadoras, alejadas del egocentrismo y del egoísmo, capaces de dar. No tiene nada que ver con ser un genio.

Tampoco hace falta que el compromiso de estas personas sea infinito en el tiempo, y de hecho es mejor que tenga periodos claros. Se puede por ejemplo convocar un período de cuatro meses durante el cual todos los participantes se comprometen a tener el trabajo del grupo como prioridad. Si uno se compromete libremente a tener una cosa hecha para el martes, esa cosa estará hecha el martes, y bien hecha, con la máxima calidad que sinceramente sus capacidades le permitan, sin chapuzas de última hora para cumplir el expediente ni excusas de mal pagador. Este funcionamiento es lo que cuando éramos pequeños los mayores llamaban "tener palabra". Las personas que no tienen palabra no pueden formar parte del equipo.

LA ORGANIZACIÓN EN DEMOCRACIA

La democracia solo puede existir entre personas de calidad. Un grupo de holgazanes, desequilibrados, hipersensibles y egocéntricos preocupados únicamente por su interés personal no pueden formar una democracia funcional por sí solos. Y si por desgracia algunos de ellos se acoplan a una ya existente, algo desgraciadamente bastante habitual, solo lo harán para parasitarla y conseguir cosas para su yo, ya sean bienes materiales, emocionales o ideológicos, siendo la necesidad de afuncionalidad y el caos grupal una de sus necesidades principales (sic).

LA LEGÍTIMA DEFENSA

Es por tanto legítimo y necesario defender y proteger activamente al grupo de trabajo de la incursión de personas de baja calidad. Baja calidad no es no saber, sino no querer aprender, no tener palabra, no tener sentido del deber, no tener amor propio, no tener sentido del humor, no tener el bien común como prioridad, etc. Es fundamental por tanto aplicar un principio de precaución e impedir deliberadamente la entrada al grupo de trabajo de personas y actitudes que irremediablemente a la larga lo destruirán, ya sea por activa o por pasiva. Con esta gente se pueden compartir todo el resto de facetas de nuestra vida si queremos, pero esta, la del grupo de trabajo, no. Echarlos una vez están dentro es una tarea sumamente tediosa y desagradable comparada con simplemente no dejarlos entrar. Creedme, sé de lo que hablo.

LA TOMA DE DECISIONES Y LA MAYORÍA SIMPLE

Dentro de un grupo de trabajo democrático como del que estoy hablando, formado por personas que se esfuerzan por un bien común, solo se puede avanzar a un ritmo razonable mediante la mayoría simple. Muchas veces es fácil ponerse de acuerdo, pero cuando esto no pasa es necesario poder avanzar y para hacerlo hay que votar y aceptar las votaciones. Hoy quizás se ha aprobado algo que no me acaba de gustar, mañana quizás se aprueba otra cosa que no guste a otro pero que a mí me encante. Es mi responsabilidad aceptar todas las decisiones democráticamente tomadas para avanzar. Poner a todo el mundo de acuerdo en todo es la herramienta perfecta para frenar todo indefinidamente. Si quieres que algo no funcione pide que absolutamente todo el mundo esté de acuerdo. Si quieres que funcione, vota y continúa avanzando.[15]

El tiempo de asamblea es sagrado, por tanto deberá ser tratado con respeto, siendo imprescindible que antes de ir todos los participantes hayan reflexionado profundamente sobre los temas que se van a tratar y ciñéndose únicamente a los puntos del orden del día. Las actas deberán constar solo de tres columnas: qué se va a hacer, quién lo va a hacer y para cuándo lo va a tener hecho.

A todo esto, añádasele una buena dosis de sentido del humor mínimamente elaborado. Ante la presión propia del trabajo funcional, nada mejor que regalarse con un buen ambiente y unas buenas risas sinceras fruto del humor inteligente. Cuanto más haya, señal que vamos bien. El sentido del humor no solo es relajante y beneficioso para la salud, es también sinónimo de evolución y de actividad mental. Las personas que carecen de él o lo confunden siempre con un ataque personal es seguro que solo aportarán frenos y problemas.

He dicho.

---

[15] Habrá sin duda quien esté en desacuerdo con esta afirmación. A este respecto, me remito al sistema de concejo abierto, utilizado en la península durante más de 1.000 años para gestionar bienes comunales y que funciona, aun a día de hoy en las zonas rurales donde sigue legalmente vigente, por mayoría simple. Igualmente Atenas, otro referente histórico incluso más antiguo, funcionó también durante su época democrática mediante mayoría simple.

ARGUMENTOS EN CONTRA DEL HOMESCHOOLING

Lo que no puede ser, no puede ser, y además es imposible.
—Charles Maurice de Telleyrand.

Los he escuchado tantas veces y de tantas bocas diferentes que he querido recopilarlos aquí. Lo peor de estos argumentos *en contra* es que no se basan en ningún estudio, ni en ningún informe, ni en ningún trabajo de campo. Son solo cosas que a la gente le vienen a la cabeza y sin pararse a pensar si son verdad o mentira las verbalizan. Muchos de estos mitos y leyendas sobre el homeschooling te los encuentras en despachos oficiales.

¿Y los gitanos? Te lo sueltan así, a la brava. Otras veces circunvalan el término refiriéndose a "ciertos colectivos marginales" mientras te hablan como el que camina sobre un campo de minas, o de "gente tradicionalmente en riesgo de exclusión", o usan cualquier otra elocución con la que a fin de cuentas quieren llegar hablarte del pueblo gitano y de los irremediables problemas que temen surgirán si se legaliza el homeschooling.

Lo que no saben es que Portugal, un país normal, con una regulación normal y razonable del homeschooling, tiene una población gitana mucho más elevada que la de España y no hay informe ni indicativo alguno de que el estado portugués haya tenido problemas por tener la combinación de población gitana y homeschooling regulado. Más bien al contrario, los datos indican que la población gitana portuguesa no tiene ningún interés en hacer homeschooling, y si lo tuviera tampoco habría de que preocuparse. Debería regirse por las normas existentes al respecto, consistentes en apuntarse a la escuela del barrio en modo no presencial, hacer tutorías periódicamente, depender del inspector de educación de la zona y tener derecho a exámenes en el mismo centro escolar.

¿Y los extremistas islámicos? Esta es otra gran preocupación con la que inevitablemente te encuentras cuando vas a hablar con la administración. Pero nuevamente está completamente infundada, y por la misma razón. Francia, otro país vecino tan normal y corriente como Portugal y también con el homeschooling regulado desde hace décadas, tiene una población musulmana, e incluso musulmana radical, muchísimo más elevada que España y tampoco ha tenido ningún problema con el homeschooling y este grupo social. Su regulación implica estar inscrito en un registro y en contacto periódico con un inspector de zona. Tampoco hay informe ni indicativo alguno que haga suponer ningún tipo de problema al respecto en Francia.

¿Y si los padres son tontos y no saben enseñar? Este, bueno, como os podéis imaginar es un tanto insultante, pero existe. Ningún país que tenga regulado el homeschool exige ninguna titulación especial a los padres. El más restrictivo en este sentido es Portugal, y solo exige que los que den la educación tengan dos cursos más del que el niño está cursando. Es decir, si un niño está en tercero el padre o la madre debe tener como mínimo hasta quinto.

¿Y si los padres lo usan para comerle la olla a los niños, explicarles cosas que no son verdad o introducirles en sectas y cosas por el estilo? Aquí debo contestar explicando mi caso personal. A mediados de los 90 en la escuela a la que yo asistía, un centro concertado de monjas en Barcelona, nos explicaban que los judíos mataron a Cristo y que por esa precisa razón Dios envió a Hitler. Lo explicaban así tal cual lo digo, a las dos líneas de 40 alumnos de los ocho cursos de E.G.B. que año tras año cursábamos allí nuestros estudios. Recuerdo como mis compañeros y yo nos destornillábamos ante el hilarante nivel de frikismo de las monjas, el cual llegaba a su máxima expresión en el ejemplo que acabo de explicar. Sobre los gitanos también tenían sus propias teorías. La risa provocada por tales afirmaciones era prácticamente imposible de contener. Unas carcajadas incontrolables se abrían paso por nuestra tráquea en contra de nuestra voluntad y estallaban en medio de clase —No, no se rían no— aseguraba la *madre*, —eso fue exactamente así como se lo estoy contando.— Y nosotros a punto de tener que estirarnos en el suelo para poder respirar. Lo que quiero decir con esto es que ninguno de los varios miles de alumnos que asistimos a ese centro vamos por la vida creyéndonos sus majaderías. Era un sinsentido más. Los niños, lo repito, no son idiotas.

¿Y las madres solteras? Habitualmente se le atribuye al homeschooling la imposibilidad de ser llevado a cabo por parte de madres solteras. Esa afirmación es falsa en la medida que parte de la base que una madre soltera es una mujer que está sola. No tiene hermanos, padres ni familia. No tiene buenos amigos ni un grupo de afinidad, no tiene otras familias cerca en situación similar ni puede encontrarlas. Hay parejas en las que el padre está trabajando todo el día y en las que las mujeres se encuentran mucho más solas que las madres solteras que tienen donde apoyarse.

El concepto de familia se ha visto sistemáticamente atacado por parte de algunas ideologías que lo han asociado con las relaciones propias de familia franquista. Se equivocan completamente, la familia viene de mucho más atrás y su definición no tiene que estar necesariamente ligada a ninguna ideología, sistema de roles en concreto ni orientación sexual concreta. Una madre soltera con una familia, aunque no sea de sangre, puede perfectamente salir adelante con el homeschool. Si no tiene una familia sin duda puede encontrarla en el sentido que acabo de describir. Le costará un esfuerzo, claro.

Lo sentimos pero ese tema depende de las Comunidades Autónomas Esa fue la respuesta que se dio al colectivo la primera vez que se consiguió hablar con alguien importante en las oficinas centrales del Estado, hacia 2005-06. Hay que pensar que no se llega a esos despachos en un par de días. Los que lo hicieron tardaron años, y tuvieron que hacer decenas de reuniones y esfuerzos para conseguir hablar con la administración a ese nivel. Cuando llegaron por fin a reunirse con la persona adecuada la respuesta fue esa, que el tema dependía de las Comunidades Autónomas y que ellos no podían hacer nada. Así que años más tarde, cuando se forma la Coordinadora Catalana y se va directamente a hablar con la Generalitat todos estábamos a la expectativa. Nuevamente se tardan años y múltiples reuniones en llegar a hablar con alguien con poder. Cuando se consigue, ¿qué responden? —Lo sentimos, ese tema depende del Estado Central.— Pues vaya. La realidad es que todos los juristas y catedráticos de derecho con los que hemos hablado coinciden en que tanto uno como el otro puede regular y el primero que lo haga será el que defina como será la regulación. El que llegue segundo solo tendrá derecho a quejarse por no haberlo hecho antes.

Uf, es que ahora no se está haciendo la ley de educación. Esta fue una de las que más llegamos a oír, hasta que nos enteramos, pobres ignorantes de nosotros, de lo que es una Disposición Adicional. Eso sí que fue un descubrimiento, si hubieseis visto la cara que se me quedó cuando me enteré de lo que es y de cómo y cuánto se usa.

LECTOESCRITURA Y MATES

No nos engañemos, de entre todas las llamadas competencias básicas que existen, leer, escribir y matemáticas son los tres principales protagonistas. Hay otras que se consideran importantes también, pero generalmente los padres tendemos a tener en un pedestal estas tres. Por decirlo de otro modo, hasta la familia más radical y convencida con su método cuando duda sobre el mismo lo hace en base a lectoescritura y mates y no en base a ninguna otra cosa.
Lo que estas tres materias enseñan son más que conocimientos, son la diferencia entre el analfabeto y su contrario. Una especie de salvoconducto social cuya ausencia es totalmente inaceptable en niños, provocando si acaso el más variado catálogo de desaprobaciones y consternación en todas las capas de la sociedad. De ahí que suscite tanto interés y, a veces, tanta prisa.
Tal es el ansia por que los niños estén alfabetizados a tempranísima edad, que generalmente se introduce la materia con calzador a los 3 años o antes, vía la recurrente simplificación del "cuanto antes mejor". Si el niño aprende pensamos que vamos bien y que es lo normal, y si no, empiezan los problemas, las clases de refuerzo y las

preocupaciones que pueden prolongarse durante lustros.

Mi primo en cambio se crió en Dinamarca y se educó en el sistema público de ese país, donde hasta los siete años de edad no han de aprender nada relacionado con las letras ni con los números. Cuando digo nada me refiero a que si lo llevas a la guardería pública en el período 0-7, cosa totalmente opcional, todo lo que hacen allí es jugar. Ni una letra, ni un número, ni canciones del abecedario, ni una ficha, cero, solo jugar. Y luego a los 7 se ponen con las letras y los números y aprenden, vaya que si aprenden, a la velocidad del rayo.

Pero la cosa va más allá. Los profesores y organizadores de cursos de alfabetización de adultos coinciden en que un adulto analfabeto tarda unas 32 horas lectivas en aprender a leer y a escribir[16]. ¡32 horas! ¿Cómo puede ser que un señor o una señora mayor, con los achaques propios de la edad y la inevitable pérdida de agilidad mental fruto del paso de los años, sea capaz de aprender a leer y a escribir en escasas 32 horas lectivas, y que en cambio a sus nietos sanos, jóvenes y fuertes les lleve centenares de horas de clase, de fichas y de ejercicios de refuerzo hacerlo?

Si lo pensamos bien aprender a leer y escribir no tiene mucho secreto, y menos en castellano, ya que por ser un idioma prácticamente fonético es facilísimo tanto de escribir como de leer. Solo has de memorizar las letras, saber cómo suenan, que viene a ser lo mismo, y juntarlas. Punto. Luego con la práctica perfeccionas todo lo que quieras, pero la técnica en sí misma no es nada complicada. Por eso la gente mayor que se pone aprende con rapidez, y por eso también muchísima de la gente mayor que por circunstancias de postguerra nunca fueron a la escuela afirma haber aprendido a leer sola.

Con esto lo único que pretendo es hacer una llamada a la calma y a no pedir imposibles. A un niño que está

---

[16] Montenegro Olinda, 2004, *Libro Simple para el Alfabetizador*. Buenos Aires: Ministerio de Educación de la Nación.

empezando a gatear no le exigimos que trepe a un árbol. Primero se gatea, luego se está de pie, luego se camina, luego se corre, luego se trepa. Hay un orden natural y en cada punto perfeccionas el uso de las técnicas necesarias para acceder al siguiente nivel, con lo curricular ocurre lo mismo.

CUESTIÓN CURRICULAR

El currículum es la típica cosa de la que todo el mundo se queja pero que muy pocos han tenido la paciencia de leerse. Y no les culpo, cuando en casa nos pusimos por primera vez a informarnos sobre el currículum "oficial", el que en teoría siguen en las escuelas, nos dimos de bruces con un espléndido documento oficial de 188 páginas escrito íntegramente en negrita y en cursiva. Para nuestro asombro la palabra sumas no aparecía hasta la página 134, y lo hacía en un tono muy suave del estilo "sabrán estimar el resultado de sumas". Ni qué tipo de sumas, ni de cuántos números, ni nada. El resto del documento era todo del mismo talante, a rebosar de declaraciones de buenas intenciones y casi sin ninguna concreción. Me acuerdo que para la edad que tenía nuestra hija pequeña en ese momento el objetivo marcado en matemáticas era que supiesen contar hasta cinco.

El currículum oficial, es decir, el que se publica tanto en el BOE como en las respectivas comunidades autónomas, está obligado a ser de tono muy general y difuso. No es que los que lo redactan sean tontos, sino que se tiene que aplicar tanto en la peor escuela del peor barrio de todo el país como en la más cara y elitista. Todas deben regirse por la misma vara de medir y por tanto es normal que las indicaciones sean bastante difusas. Pese a ello, persiste el mito de que el currículum es muy restrictivo y duro. Lo será si acaso la adaptación que hagan unas u otras escuelas, las cuales se basan casi siempre más en los libros de textos publicados que en lo publicado en el BOE. El currículum oficial, el teórico, es bastante razonable.

La pregunta aquí es cómo haces si quieres desencriptarlo y enterarte de todo lo que se supone han de saber a tal o cual edad. Yo aún conservo las 188 páginas en negrita y cursiva llenas de *post its*, subrayados en cuatro colores y múltiples anotaciones en los márgenes, como si se tratase de un documento militar cifrado que hubiésemos intentado crackear. Después descubrí que hay una manera mucho más fácil. Voy a la Abacus o a cualquier librería grande cuando tienen todos los libros del cole a la venta y, libreta en mano, me voy mirando pacientemente lo que piden para cada materia, así veo el nivel que exigen. Por supuesto, diferentes libros piden diferentes niveles pero si comparas, al final te puedes hacer una idea general de lo que se está pidiendo en las escuelas de esa zona a determinadas edades y de los objetivos que se marcan para final de curso.

<u>CÓMO</u>

Para que se dé el aprendizaje curricular en casa lo importante es empezar por crear un ambiente de seguridad y confianza, un ambiente donde desde un principio no haya miedo a no saber la respuesta correcta, ni vergüenza de equivocarse. Un ambiente sincero y no superficial, en el que a fin de cuentas los errores no sean vistos como una derrota o un signo de debilidad, sino como lo que realmente son, el instrumento imprescindible para aprender. Suena fácil y de cajón, pero deberíamos partir de la base que llevarlo a la práctica no lo es tanto.

Es imposible aprender sin equivocarse. Ningún bebé

camina sin haberse caído cientos de veces, ni habla sin haber pronunciado antes miles de sonidos totalmente incomprensibles. Equivocarse es humano. Sin embargo, el error es algo un tanto denostado en la educación de hoy cuando en realidad debería ser tratado con más consideración.

Cada vez que un bebé que está aprendiendo a caminar se levanta del suelo está más cerca de conseguirlo, y para acabar caminando debe poder levantarse e intentarlo de nuevo por sí mismo una y otra vez. Cuando cae no le echamos la bronca, somos conscientes que él no sabe, está aprendiendo. Lo está intentando, así que lo comprendemos y en nuestro interior celebramos que se levante y lo pruebe de nuevo. De la misma manera, un ambiente curricular paralizador donde la búsqueda del acierto sea el centro del universo, donde se sea intransigente con los errores y donde a fin de cuentas no se invite para nada a levantarse, pues volverlo a intentar implica volver a enfrentarse a la frustración y la decepción de los padres, es un ambiente en el que no puede darse la educación.

Este ambiente de confianza y seguridad es para mí una de las claves del aprendizaje. Que tu hijo, por ejemplo, pueda decirte sin rodeos que no ha entendido absolutamente nada de lo que le acabas de explicar es algo totalmente valioso, que os ahorra una ingente cantidad de tiempo y os permite avanzar exactamente al ritmo que el niño puede seguir. Sin pedirle imposibles y creando una base sólida. Construir este ambiente no es tan fácil como parece ya que el adulto se ve obligado a ir al ritmo que marca el desarrollo del niño[17]. Este ritmo es normal que no esté sincronizado con la velocidad que el padre o la madre preferiría seguir: donde el adulto espera que todo suceda de manera más o menos constante, o en el mejor de los

---

[17] Intentar ir más rápido o más lento carece de sentido.

casos de manera logarítmica, se encuentra que los niños comprenden de manera imprevisible. Avanzando en cuestión de minutos lo que cabría esperar que les llevase semanas y tardando semanas en entender lo que cabría esperar les llevase tan solo un momento. A todo eso y para acabarlo de complicar, añádansele las inevitables expectativas que el adulto pudiera tener, que son parte fundamental de la ecuación, o la presión que este padre se imponga por el qué dirán.

El reto para el adulto no solo está en sincronizar el flujo de ritmos, sino también en adaptar las explicaciones al modo de comprender que tiene el niño en cuestión. Ante un mismo concepto dos niños diferentes necesitarán explicaciones transmitidas de maneras completamente distintas. Esto lo vemos todos los que tenemos más de un hijo. Rápidamente nos damos cuenta de que las explicaciones que sirven para uno, el otro no las entiende. Pero si en cambio se lo explicamos yendo por otro camino, entonces sí. Uno puede necesitar que le expliquemos todos los pasos necesarios, como si de un manual de instrucciones se tratase, otro que en vez de eso le pongamos montañas de ejemplos con diferencias clave entre sí y casi ni le expliquemos los mecanismos. Encontrar la manera adecuada para cada momento, cada persona y cada explicación es un arte que se aprende con mucha paciencia, dedicación y buen humor.

Una confusión muy habitual es que los niños están aprendiendo materias. Eso es cierto, pero solo en parte. Sí, inevitablemente se aprenden materias, pero lo que de verdad están aprendiendo es a tener la capacidad de concentrarse. Si se tiene esta capacidad uno puede estudiar cualquier cosa. Por eso los niños daneses aprenden a leer a esa velocidad cuando se ponen a los 7 años, porque su capacidad de concentración es infinitamente mayor a la de los niños españoles de 3 años, que por mucho que lo intenten no pueden avanzar igual de rápido. Sin esta capacidad de asimilación, de comprensión y de concentración no tiene ningún sentido explicar nada. A lo más que se aspira es a memorizar, lo cual para algunas cosas es útil e imprescindible pero nunca podrá competir con la comprensión ni con el entendimiento. Eso en el mejor de los casos. En el peor, la falta de esta capacidad crea un bloqueo contra todo lo curricular que luego lleva años deshacer.

Ser capaz de concentrarse es algo que no tiene mucho secreto, todos conocemos los requisitos necesarios. Está en primer lugar la necesidad de calma, silencio y tranquilidad, y luego la necesidad de un cierto orden. Hay que ser muy sinceros al respecto y no cabe el autoengaño. O hay un ambiente de calma y silencio o no lo hay. Si no conseguís estar genuinamente tranquilos los dos, no pasa nada, pero entonces es mejor dejarlo por el momento. Y si nunca hay momentos en los que los dos cumpláis estos requisitos, ya sabes lo que tenéis que trabajar.

Ocurre lo mismo con la comunicación, la escucha y la expresión hablada. Si tu hijo no te escucha o no es capaz de expresarse efectivamente es muchísimo más prioritario trabajar estos temas antes que ponerse con lo curricular. ¿Cómo vas a intentar explicar conceptos sin un buen fluir de la comunicación? Sería absurdo. En esto es muy importante no poner el carro delante de los bueyes y trabajar sin complejos. Primero tenéis que ser los dos capaces de escucharos y hablaros prestando atención mutuamente y cuando esto ocurra y esté afianzado, plantearse empezar con los contenidos. Si más adelante en algún momento la cosa se encalla, vale la pena parar a observar si el buen funcionamiento de la comunicación sigue vigente o no. Tan importante es que él te escuche a ti como que tú le escuches a él.

Con el orden ocurre lo mismo, para explicar, comprender y afianzar conceptos es necesario un orden que empieza por lo espacial. La misma mesa donde nos sentamos debe tener todo lo necesario y prescindir de todo lo que no aporte nada y lleve a distracciones. Lo mismo ocurre con la pizarra o el papel. Cuando un niño aprende por ejemplo a pasar de las sumas en el entorno físico a las sumas en papel necesita tener el máximo de limpieza posible. El hacinamiento de cifras, los números mal borrados o un orden pobre sobre el papel lleva directamente a la confusión e inevitablemente desemboca en que el niño se pierde y comete errores. Errores frutos del desorden, no de una falta de agilidad mental o capacidad de cálculo. Esto tiene especial importancia sobre todo cuando se están interiorizando conceptos por primera vez, cuando el niño está pasando de no saber hacer algo a saber hacerlo. Ahí la suma de equivocaciones puede provocar que él mismo, o el padre, piense que no está mentalmente capacitado, cuando lo único que le pasa es que le falta poner orden en el espacio.

Este orden que tan beneficioso es para la explicación de contenidos curriculares nuevos y concretos, suele ser fatal para todos los trabajos que requieran de creatividad. En este caso, el camino es el caos. Donde antes era importante tener cada cosa en su sitio tanto en la mesa como en el papel, ahora podemos tener todo el espacio copado y dejar que se acumulen capas y capas de recursos alrededor. Cosas que igual no tiene ningún sentido que estén ahí pero que inspiran y hacen sentir bien, dejando solo el espacio justo para poder trabajar confortablemente. Ordenar el caos es lo que mata el trabajo creativo, incluso pretender recoger un poquito cuando el proceso creativo no ha terminado, cosa que puede llevar semanas, es fatal para el mismo.

Volviendo a lo curricular, hay que tener en cuenta que en ese terreno hay conceptos que al niño *en ese momento de su desarrollo* simplemente no le caben en la cabeza, no los puede entender, y en cambio hay otros con los que sí puede trabajar pero que en ese momento le dan una pereza horrible. Esa es la diferencia que en mi humilde opinión hay que saber distinguir para hacer homeschooling. En el tiempo dedicado a la educación curricular, sobre todo si te sientas en la mesa en plan "ahora toca homeschooling", no hay lugar para la pereza. Caben las equivocaciones, los errores, los comportamientos fuera de lo común… todo lo que quieras, pero la pereza y el tedio no. No se puede pedir a alguien que entienda algo que en ese momento le es imposible entender, por muy lógico y sobre todo evidente que nos parezca lo que estemos explicando, pero sí que se le puede pedir que se aplique y ejercite lo que ya entiende y así avance, pues en la consolidación de lo que ya sabe están las herramientas para llegar al resto.

Por poner un ejemplo, es muy normal que a un niño pequeño que todavía no sabe sumar le digas:

—¿Cuánto son 3+2?

Y hagas lo que hagas no lo sepa. Pero en cambio le digas

—Si estamos tu hermano, tú y yo en el comedor y entran los abuelos, ¿cuántos somos?

Y sí que lo sepa casi sin pensar. Esos son los caminos que creo que hay que saber encontrar. Porque si sigues con el 3+2 así tal cual y a palo seco o con manzanas en esa época no le va a entrar en la cabeza, te pongas como te pongas, y te sale mucho más a cuenta dejarlo estar.

Igual de importante que saber encontrar el camino adecuado es estar abierto a las más variopintas reacciones de los pequeños. Hay niños que aprenden a sumar de pié, o moviéndose constantemente, otros que pasan por imparables ataques de risa a todo volumen, otros que adoptan posturas extravagantes, otros que necesitan un silencio y una quietud sepulcral… Todo eso en un aula quizás llamaría demasiado la atención como para ponerlo en práctica, pero no lo veo para nada problemático en el caso del homeschooling. Si tu hijo aprende a sumar dando vueltas alrededor de la mesa, ¿qué más te da? Tú en ese momento ¿qué quieres?, ¿que aprenda a sumar o que se esté quieto? Tampoco se va a pasar toda la vida sumando así, pero para entenderlo, para lograr que se le quede en la cabeza el concepto nuevo él ahora necesita hacerlo así. Igual que a veces los adultos gesticulamos exageradamente cuando estamos justo a punto de comprender grandes cosas o de hacer grandes conexiones mentales o de entender el funcionamiento de algo realmente complejo para nosotros. Nos ponemos de pié eufóricos, abrimos las manos, movemos los brazos. No hacerlo sería perder el hilo.

Como en todo, prácticamente es tan importante saber hacer como saber parar. Los niños tienen una capacidad de concentración limitada y cuando ves que llega a su fin hay que dejarlo estar sin dudar ni un momento. No importa que te parezca que has hecho poco por hoy, lo relevante es que han trabajado en un ambiente seguro y de concentración. Si continúas, estarás intentando explicar contenidos curriculares a un niño que por hoy ya no se puede concentrar más y todo lo que consigas será contraproducente. Él ha cumplido, ahora a jugar o a ocuparse con las cosas que le dé la gana.

Debo hacer una advertencia a todo el que se embarque en el homeschooling, es algo contrastado con casi todos las familias que conozco: en lo que respecta a los conceptos más duros el interés genuino y en el más puro de sus estados suele darse a altas horas de la noche justo en el momento en el que estás totalmente extenuado y listo para irte a la cama. Es verdad que también van surgiendo intereses durante el día y es de recibo atenderlos, pero la voluntad espontánea de comprender las cosas más complicadas suele darse de tanto en cuanto y a horas intempestivas. Es algo que pasa en casi todas las casas y no sé si tiene que ver con el silencio y la relajación propias del momento previo a ir a dormir o con algún tipo de conexión neuronal o qué, pero la verdad es que ocurre y mucho. Me parece absurdo dejarlo pasar. Hacer homeschooling es como hacer surf, cuando viene la ola has de cogerla.

PANTALLAS, AZÚCARES, GRASAS TRANS, ARMAS Y OTRAS FUENTES DE POLÉMICA

No puedo evitar empezar este capítulo sin pedir por favor que no se caiga en talibanismos varios. Para ilustrar a qué me refiero explicaré un caso del que fui testigo en nuestros primeros años de crianza.
Era una fiesta de cumpleaños a la que nos invitaron y en la que entre los asistentes había un buen número de jipis y alternativos, algunos con tendencias talibánicas en cuanto a la alimentación se refiere. En nuestra defensa diré que, pese a que se nos había invitado a varias familias homeschoolers, la mayoría de los asistentes eran familias escolarizadas, incluida la protagonista de este relato. Esto lo recalco no por hacer la puñeta sino porque ya tenemos estigma suficiente como para además cargar con muertos que no nos tocan.
La madre que organizaba la fiesta, ella sí, homeschooler, había tenido la brillante idea de encargar la piñata a sus padres que, como personas normales y corrientes, totalmente ajenas a este sub mundo y obrando desde la más pura inocencia abuelil, habían confeccionado una

preciosa piñata repleta de artículos normalmente censurados en estos círculos. Había bolsas de gusanitos de esos que valen veinte céntimos y son como ganchitos pero de color blanco, nubes, chicles, lacasitos, sugus, chupachups, piruletas, chuches de los colores más estridentes posibles... en fin. La pobre abuela lo había preparado con la mejor de las intenciones, sin pararse a pensar que para algunos de los amigos de su hija lo que estaba haciendo era el equivalente a poner tripis en calcomanías.

Los padres estábamos todos revoloteando por la zona, más o menos cerca de la melé que los niños habían ido formado alrededor de la piñata, lista para ser abierta. Era un momento kodak. Los niños felices y alegres, agarrando las cintas de colores de la piñata sostenida en lo alto, atada a la rama de un árbol, todos sonriendo y a la expectativa de la inminente sorpresa. Los padres socializando tranquilamente por los alrededores en un ambiente de relax y harmonía, una luz preciosa de tarde. Y en estas se dio la señal de "ya" y todos los niños tiraron de las cintas a la vez, la piñata se abrió y los contenidos llovieron sobre el suelo como un maná de grasas trans, azúcares refinados y los más variados "Es" que es capaz de proporcionar el mundo moderno.

El color chillón de los envoltorios y de las golosinas llamó la atención de los niños que casi por instinto se abalanzaron en tropel sobre los comestibles, acaparando tantos de ellos como les fuera posible. Visto ahora con perspectiva, en aquella época todos los niños de la fiesta eran bastante pequeños, de unos 4 o 5 años como máximo. Por aquél entonces la mayoría de padres nos tomábamos la alimentación de manera muy estricta, tanto por la corta edad de nuestros hijos como por estar la mayoría de nosotros todavía en proceso de decidir cómo íbamos a enfocar este tema, cosa que nos hacía ser muy precavidos. Claro que siempre hay gente que lleva las cosas al siguiente nivel. En esta ocasión, el embajador del frikismo iba a ser un padre de peto lila (nunca es buena señal), largos tirabuzones y múltiples abalorios, que sin pensárselo dos veces y reaccionando como si su hija estuviese a punto de meterse en la boca un pañal recién llenado de ébola, se abrió paso apresuradamente entre el tumulto de niños que a cuatro patas intentaban atesorar el magnífico botín, no sin violentas disputas entre ellos sobre quién había visto primero qué.

Su hija, que imagino ya lo conocía, lo vio venir y consciente de la inminente requisa se dobló sobre si misma protegiendo su recién adquirida fortuna con ambas manos y manteniéndola a la altura del ombligo, como si protegiese un feto, agazapada, con brazos y codos haciendo de barrera lateral y con la cabeza agachada.

Siempre subestimamos la capacidad de resistencia de los niños, olvidamos que ellos, igual que nosotros, son el resultado de miles de años de evolución en una encarnizada lucha por la supervivencia. *Ceder*, así por las buenas y a la primera, digamos que no está muy presente en su ADN, es algo que se aprende o, más bien te enseñan, y hoy iba a haber clase.

Con más o menos forcejeo, el padre preso del más absoluto pánico le instó verbalmente a que cediera y le entregara el botín. Para él su hija no sostenía entre sus manos una bolsa de gusanitos de veinte céntimos, sino a una barra de plutonio. Como era de esperar, la niña no cedió ni un milímetro y permaneció quieta en la misma posición, tensa y con las rodillas clavadas en el suelo, doblada sobre sí misma como una judoka profesional. Es más, tras cerrarse en banda y pese a su corta edad, rápidamente pareció darse cuenta de que ningún tipo de negociación iba a acabar con ella comiéndose ni un solo gusanito. Aquella era por tanto una misión suicida. Entendió que, pasase lo que pasase, esta vez tampoco probaría lo que tanto deseaba, aquello por lo que había pedido permiso mil y una veces y que al fin y al cabo todos los niños del parque, amigos y compañeros de actividades

comían de vez en cuando, o habían probado alguna vez. Y lo tenía allí en sus manos, tan cerca... Así que en su doblez empezó a maniobrar con sus pequeños deditos para ver si podía abrir la bolsa de gusanitos y como mínimo llevarse un puñado a la boca rápidamente, antes de que su enfurecido padre hiciese desaparecer el resto del contenido. Era su particular salto a la valla, su balsa para cruzar el estrecho tras años de atravesar el desierto, estaba tan cerca... El padre al verlo enloqueció completamente y pasó de los gritos e intentos de acceder al material de manera más o menos civilizada a forcejear con su hija de una forma digamos más bien violenta, intentando con todas sus fuerzas que ella separara los brazos, rompiera su postura y se bajase del burro de una puñetera vez. Pero como digo, los niños oponen resistencia. En el fondo pienso que es algo bueno.
La niña se resistió todo lo que humanamente pudo durante unos treinta segundos de intensísimo forcejeo y gritos propios de una secuencia de violencia doméstica que se hicieron eternos, pero finalmente la superioridad muscular del padre acabó por vencerla y él logró arrancarle la bolsa de gusanitos de entre las manos. Pese a este revés, ella no se dio en absoluto por vencida. ¿Cuántas veces antes debía haber querido probar los dichosos gusanitos? ¿Cuántas veces le habrían dicho que no? Viendo que sus esperanzas se desvanecían, se abalanzó sobre el padre para intentar recuperar la bolsa con un ímpetu y un vigor dignos de la más valiente de las amazonas. Toda su energía se focalizaba en aquel contraataque, debía recuperar aquel objeto costase lo que costase. Parecía como si fuese lo más valioso del mundo para ella, como si le fuese la vida en ello, quizás ella lo veía así.
Por un momento casi lo consigue, tal era su energía, pero el padre reaccionó rápidamente y alzó la mano que contenía la bolsa, levantándola por encima de su cabeza y dejándola definitivamente fuera del alcance de la niña. Claro que aquello no fue una victoria para el padre, era

solo un empate, la bolsa seguía allí, a escaso medio metro de su hija, y ella no tenía ninguna intención de rendirse. Poseída por completo, intentaba por todos los medios escalar el cuerpo de su padre y recuperar la dichosa bolsa, agarrarle del brazo para bajárselo, agarrarle de la manga de la camiseta, escalar por los collares y las pulseras... todo valía. Varias veces tuvo que cambiar de mano aquél hombre para que su hija no lograrse su objetivo, parecía una leona hambrienta.

Para entonces estábamos ya todos mirando. Los niños también. Era un espectáculo y a los mayores por unas razones y a los pequeños por otras, a todos nos atraen los espectáculos, aunque sean desagradables como este. El padre sostenía la bolsa de gusanitos en una mano mientras con la otra rechazaba las acometidas de su hija empujándola fuera de su alcance una vez tras otra e intentando darle la espalda. Pero ella cada vez le iba ganando más terreno y cuanto más le daba la espalda más fácil se lo ponía para escalar por el peto. Le costaba horrores sacársela de encima y a la que ella caía al suelo se levantaba como si estuviera provista de un muelle y embestía de nuevo otra vez, sin darle tiempo casi ni de respirar.

Al hombre se le veía que le empezaban a fallar las fuerzas, sudaba. Mantener el brazo en alto tanto tiempo y evitar con una sola mano que un niño totalmente motivado te escale requiere de bastante energía. Por no hablar de las que malgastaba por la boca en forma de palabras para intentar detener a su hija, y que no producían mayor efecto que su propio cansancio. Así que, visto que sus posibilidades de perder la batalla no paraban de incrementarse, el padre tomó una decisión drástica que le debió parecer inteligente. En mitad de la lucha abrió la bolsa de gusanitos y los pisoteó todos con furia sobre el suelo, pulverizando así el objeto de discordia como un bailarín de claqué en un after. Se desvaneció el sueño.

La niña se lanzó al suelo e intentó en vano proteger algún

gusanito con sus pequeñas manos o recuperar al menos un pedazo por minúsculo que fuese, pero él reaccionó apartándola y realizando una segunda ronda de sistemático pisoteado. La niña se desplomó de rodillas y reaccionó con el desesperante llanto de la derrota, un llanto que haría enternecer hasta al peor de los tiranos. Y entonces el padre intentó consolarla mediante un cariñoso abrazo y diversas palabras suaves y bonitas. Como era de esperar, su voz tuvo un efecto exactamente contrario al deseado, provocando un incremento en los sollozos y en la desesperación de la niña, cosa que hasta entonces parecía algo ya totalmente imposible de acontecer, y acercándola al colapso.

Así que como digo, por favor, tampoco hay que pasarse.

En general, la mayoría de homeschoolers le hemos dado mil vueltas a qué hacer con las chuches, la comida basura, la tele y las pantallas. Con el agravante de que muchos de nosotros de pequeños hemos comido chuches, jugado a videojuegos y visto la tele casi sin ningún tipo de control. Ya sabemos lo que a todos nos gustaría al respecto: que los peques hiciesen un uso autocontrolado y responsable de estas cosas, que gestionasen el tiempo que les dedican o la cantidad que ingieren y que hiciesen un uso más o menos "normal" de ellas. Que fuesen capaces de parar o regularse. Desgraciadamente, la mayoría de niños no puede gestionar estos temas mediante la autorregulación pura y dura. Es algo con lo que todos soñamos pero que no se suele dar, a no ser que el entorno físico del niño esté preparado de una manera muy especial. Y aún y así, cuesta.

Por poner un ejemplo, si a los niños les damos a escoger entre comerse un plato de lentejas o una caja de donuts lo más normal va a ser que escojan los donuts. De la misma manera, si les damos a escoger entre que vean ClanTV o que les leamos la Ilíada escogerán ClanTV, la mayoría de veces. Hay excepciones, por supuesto, hay niños a los que no les gustan las chuches ni la TV y a los que les parece divertidísimo memorizar las tablas de multiplicar, pero no vienen a ser la norma.

Tanto la comida basura, como las pantallas, como las armas tienen un poder de atracción que los diferencia del resto de objetos y alimentos. Suscitan fascinación y adicción y, en mi humilde opinión, no lo hacen por el mero hecho de estar prohibidos, eso es solo un aliciente. Prohíbeles tajantemente las lentejas a 100 niños y ya veremos cuantos son capaces de escalar sobre sus padres presos por la furia, intentando lograr acceder a un plato de ellas. Digamos que nos guste o no hay cosas que son como una droga.

Con las armas pasa menos, quizás porque, aunque a mucha gente no le guste admitirlo, atraen más a niños que a niñas y por tanto de entrada ya la mitad de la población no tiene casi ni que preocuparse por ellas. Además, no dejan de ser un juguete integrable dentro del juego físico, compatible con jugar en la naturaleza, correr, esconderse, trepar, actuar... Como es de esperar suscitan, por su carácter bélico, intensos debates en los grupos de familias que intentan aclararse sobre cuál es la mejor opción, a menudo mezclando la argumentación con lo políticamente correcto, cosa que para mí no es buena idea.

Debo admitir que en nuestra casa nunca hemos puesto demasiados filtros al uso de armas de juguete. De hecho, cuando en un grupo de socialización al que asistíamos se intentó prohibir las armas por decreto respondimos comprándole a nuestro hijo una flamante réplica de M16, con la cual jugó unos meses y a la que luego no volvió a hacer caso nunca más. No es algo de lo que estemos especialmente orgullosos, pero en ese momento nos pareció prioritario no ceder a lo que considerábamos una intromisión y permitirle tener un juguete que juzgábamos inofensivo. Lo preferimos a simplemente regirnos por lo políticamente correcto.

Aunque los niños jueguen con metralletas, si les preguntas sobre la guerra verás que son consciente de que es algo horripilante y causante de infinito sufrimiento. Y si les preguntas más, verás que están totalmente en contra de la guerra real, de la muerte, la destrucción y la desolación que conllevan. Si insistes, te dirán que mires bien sus armas y veas que no son de verdad, que son de plástico, que son *juguetes*. Todo este tema quizás sea más fácil de entender para adultos que de pequeños hayan disfrutado muchísimo jugando con armas y a la vez a día de hoy detesten la guerra, como es mi caso.

Además está de nuevo la resistencia innata de los niños, que aparece sin cesar. Al niño al que se le prohíben tajantemente las armas de juguete cómo si de un tabú se tratase, encontrará maneras de crear las suyas propias. Y no serán arcos ni espadas, armas que a veces logran un pase, sino pistolas y ametralladoras. Utilizará cartones, papeles, plásticos, barro... todo el material que tenga a su disposición. Incluso sé de un niño que esculpía pistolas a mordiscos en trozos de pollo rebozado, porque en su casa no había otra manera de hacerse con una.

La tele y las pantallitas son harina de otro costal, para empezar no son integrables dentro del juego natural. Uno no puede correr, trepar, esconderse o actuar mientras atiende a una pantalla. No es algo compatible con el mundo físico.

Por eso, la mayoría de los padres aplicamos por defecto un principio de prevención. Primeramente las solemos considerar nocivas, sobre todo a edades muy tempranas y, ya puestos a hacer el esfuerzo del homeschool, el que "van muy bien para tenerlos tranquilitos" nos trae sin cuidado. Con el tiempo, vamos dedicándole horas a pensar en ello y al final incorporamos de una u otra manera tanto los audiovisuales como los videojuegos. La tele en cambio, en el sentido de antena conectada, es algo en lo que las familias homeschoolers no suelen cambiar de opinión.

Lo relacionado con las pantallas viene a ser el primer entorno preparado al que los padres atienden de verdad. Es decir, en casa no hay tele o si la hay no tiene conexión a la antena, ambas opciones muy comunes en las casas homeschoolers, en las que solo se pueden ver las cosas que nos hayamos bajado de internet o DVDs. Si los niños quieren ver algo, tienen que ceñirse a la oferta existente. Hay quien se lo trabaja más y quién se lo trabaja menos, como en todo. Con la cantidad de horas pasa igual, cada familia decide cuánto y cuándo: hay quien pone horarios, otros depende del día, otros barra libre, hay de todo. Nosotros ya hace muchos años tomamos la determinación de que todas las películas, dibujos o series que hubiese en casa fuesen en ingles, y así al menos cuando ven algo nos queda el consuelo que les sirve para el idioma.

El entorno preparado en lo que respecta a la comida, sería cuando en casa solo hay comida sana. No hay donuts, ni galletas de chocolate, ni bolsas de nachos, ni ninguna otra cosa que no queramos que se coma, y para beber agua, que es muy sana.

No se puede hacer de ninguna otra manera. No puedes estar comiéndote un toblerone en su cara o viendo una peli doblada en español y decirle que él no puede. Como tampoco puedes tener el armario de la cocina lleno de bolsas de doritos y esperar que el niño se controle y no se ponga a abrir bolsas cuando le apetezca. Todo esto nos lleva inevitablemente a que nosotros dejemos de ver y comer toda esa porquería también. Cosa que bien pensado no es mal plan, la basura, al fin y al cabo, basura es.

Evidentemente, todos somos humanos y dentro de nuestra naturaleza está el hacer sanas excepciones. Y generalmente en este mundillo los reyes de las excepciones son los abuelos. ¿ClanTV? ¿Grasas trans y azúcares saturados? ¿"Es" a mansalva y zumitos con "hasta un 10% de zumo"? ¡Abuelos! Total, de vez en cuando…Yo lo prefiero a montar la escena de los gusanitos, y además te da tiempo para cuidar la pareja.

NOSOTROS, TÚ Y YO

Es más fácil de lo que parece acabar por descuidar la pareja. No quiero parecer aquí un asesor matrimonial, pero la verdad es que ante la titánica tarea de criar a uno o más hijos y hacer homeschooling, uno puede no darse cuenta y acabar dedicando cero horas al mes a salir solos en pareja, dar una vuelta, tomarse algo juntos o tener tiempo para los dos a solas. Por tener tiempo no me refiero a dejar a los niños con los abuelos y aprovechar para ir al Ikea a comprar unas cosas que nos hacen falta. Ya me entendéis. Habrá la pareja que quiera irse a beber gin tonics y bailar y habrá quién quiera ir a tomar una infusión, otros querrán ir a la montaña, otros sexo duro, otros vete a saber, creo que me explico.

Antes que nada, los niños necesitan que nosotros estemos bien. Por eso vale la pena tomarse el tiempo suficiente para cuidarse. Es la mejor de las inversiones. Una pareja fuerte y feliz o, en su defecto, una madre o padre soltero fuerte y feliz, es algo de lo que simplemente no se puede prescindir. El error fundamental que veo en todas las ecuaciones que intentan explicar el homeschool es la prescindencia del adulto en la ecuación. Presentan esta práctica educativa como algo que solo afecta a los niños, como si ellos fuesen los únicos participantes modificables y todo dependiese solamente de ellos. A los padres los presentan como imperturbables. Eso es falso en todas las modalidades de homeschool que puedas imaginar. El adulto existe e influye muchísimo más que ningún otro factor, más que el método, más que el planteamiento, más que todo. Desvivirse y confiar en que renegando de nuestro propio cuidado estaremos dedicándole más atención al niño es una equivocación que no nos podemos permitir.

Cuesta hacer el primer esfuerzo, pero luego cuando volvéis a estar solos y sin interferencias te das cuenta de que ahí es precisamente dónde empezó realmente la vida que lleváis ahora. Tendrá por tanto su importancia. Si no decides conscientemente atender a estos temas es más que probable que los vayas procrastinando, y cuando te quieras dar cuenta no serás capaz de recordar la última vez que hicisteis algo por vosotros, solos.

Así que por favor, cuídate. Y si formas parte de una pareja, cuida la pareja también. Las relaciones, como todo en este mundo, hay que atenderlas y esmerarse en ellas para que perduren, o bien resignarse a que desaparezcan.

ANEXO I

LEGISLACION DE ALGUNOS PAÍSES DE NUESTRO ENTORNO

Este anexo, fruto del esfuerzo de multitud de familias homeschoolers, está dedicado a la Srta. del síndic de greuges que en el workshop que organizamos en la UB sobre legalidad del homeschooling, y al que la invitamos a hablar como ponente, insistió una y otra vez en que el homeschooling en Francia era algo total y absolutamente ilegal.

FRANCIA (Instruction dans la famille)
Situación:Legal.

Normativa básica actual:
"Le Code de l'éducation, Livre I, Titre II, Chapitre I, Article L131-2.
L'instruction obligatoire peut être donnée soit dans les

établissements ou écoles publiques ou privées, soit dans les familles par les parents, ou l'un d'entre eux, ou toute personne de leur choix."
Código de la educación, Libro I, Título II, Capítulo I, Artículo L131-2.
La instrucción obligatoria puede ser impartida en las escuelas públicas o privadas, en las familias por los padres, o uno de los dos, o cualquier persona de su elección.[18]

Registro:
Sí. El niño debe estar registrado en la Inspección Académica (Inspection Académique) y en el Ayuntamiento (Mairie)[19].

Control por parte de la administración:
Los niños entre 6 y 16 años están sujetos a:
1. Un control anual por parte de la inspección educativa. Si el inspector presenta dos "informes" negativos, el niño deberá ser escolarizado en una escuela[20].
2. Un control cada dos años por parte de los servicios sociales (por mandato del alcalde) para verificar los motivos por los que la familia EEF y comprobar el bienestar del niño.

Currículum:
Se puede enseñar libremente al niño, pero al final de la edad de escolarización obligatoria (16 años) debe dominar las siguientes siete competencias:
•Francés hablado y escrito, matemáticas, ciencias y

---

[18] Code de l'éducation, Livre I, Titre III, Chapitre I, Article L131-5.
[19] Code de l'éducation, Livre I, Titre III, Chapitre I, Article L131-10.
[20] Code de l'éducation, Livre I, Titre II, Chapitre II, Article L122-1-1 y Livre I, Titre III, Chapitre Ier, Section 1, sous-section 4, Article D131-12

tecnología, como mínimo una lengua extranjera, historia, geografía y arte de Francia, de Europa y mundial, informática, competencias cívicas y sociales, iniciativa y autonomía.

El niño debe demostrar que puede:
• Hacer preguntas, hacer deducciones a partir de sus propias observaciones y documentación, ser capaz de razonar, generar ideas, ser creativo y producir trabajo terminado, utilizar el ordenador, utilizar los recursos de forma cuidadosa y evaluar riesgos[21].

Modos de actuar en caso de controversia entre familia e inspección:
En caso de conflicto o de no pasar la inspección, se dejará un tiempo a la familia para mejorar y luego se volverá a hacer la inspección.

IRLANDA (Education otherwise)
Situación: legal.

Normativa básica actual:
Bunreacht na Héireann - Constitution of Ireland, 1937, Education (Welfare) Act 2000 y su anexo Guidelines on the Assessment of Education in places other than recognised schools.
"Bunreacht na Héireann - Constitution of Ireland, Article 42.

1. The State acknowledges that the primary and natural educator of the child is the Family and guarantees to respect the inalienable right and duty of parents to provide, according to their means, for the religious and moral, intellectual, physical and social education of their children.

2. Parents shall be free to provide this education in their homes or in private schools or in schools recognised or established by the State.

3. 1° The State shall not oblige parents in violation of their

---

[21] Code de l'éducation, Livre I, Titre III, Chapitre I, Article L131-10

conscience and lawful preference to send their children to schools established by the State, or to any particular type of school designated by the State.
2° The State shall, however, as guardian of the common good, require in view of actual conditions that the children receive a certain minimum education, moral, intellectual and social.
4. The State shall provide for free primary education and shall endeavour to supplement and give reasonable aid to private and corporate educational initiative, and, when the public good requires it, provide other educational facilities or institutions with due regard, however, for the rights of parents, especially in the matter of religious and moral formation.
5. In exceptional cases, where the parents for physical or moral reasons fail in their duty towards their children, the State as guardian of the common good, by appropriate means shall endeavour to supply the place of the parents, but always with due regard for the natural and imprescriptible rights of the child."
Constitución de Irlanda, artículo 42.

1. El Estado reconoce que el primordial y natural educador del menor es la familia y garantiza respetar el inalienable derecho y deber de los padres a proveer, de acuerdo con sus posibilidades, la educación religiosa, moral, intelectual, física y social de sus hijos.
2. Los padres serán libres de proveer esta educación en sus hogares o en escuelas privadas o en escuelas reconocidas o establecidas por el Estado.
3.1 El Estado no podrá obligar a los padres, en violación de su consciencia y preferencia legal, a enviar a sus hijos a escuelas establecidas por el Estado, o a ningún tipo particular de escuela designada por el Estado.
4. El estado proveerá de educación primaria gratuita e intentará suplementar y aportar ayuda razonable a iniciativas educacionales privadas y públicas, y cuando el bienestar público lo requiera, ofrecerá otros

servicios o instituciones educacionales, respetando, sin embargo, los derechos de los padres especialmente en los temas que se refieren a formación religiosa y moral.

5. En casos excepcionales, cuando los padres -debido a razones físicas o morales- fracasen en su obligación para con sus hijos, el Estado -como guardián del bien común y mediante los medios apropiados- deberá esforzarse para suplantar el lugar de los padres, pero siempre respetando los naturales e imprescindibles derechos del menor.

Registro[22]:
Sí. En la National Educational Welfare Board (NEWB). No es un registro automático. Hay que hacer una solicitud a la NEWB, seguida de una entrevista (con un asistente social / inspector de educación, etc.). Si la NEWB tiene dudas, hará una evaluación más profunda que implicará que el evaluador pase un tiempo con la familia, vea qué hacen y pueda hablar con el niño.
Si la NEWB no acepta la inscripción del niño en el registro, la familia tiene 21 días para apelar. El comité de apelación puede dar o no la razón a la NEWB o aceptar la inscripción con algunas condiciones.

Currículum[23]:
No hay. Se debe garantizar una cierta educación mínima. La educación de un niño debe: •Adaptarse a la edad, habilidad, aptitud y personalidad del niño.
•Ser sensible a las necesidades individuales del niño, tomar

---

[22] Education Act (Welfare) 2000, PART III, art. 14 y Guidelines on the Assessment of Education in places other than recognised schools, 2.5, 2.6.
[23] Guidelines on the Assessment of Education in places other than recognized schools 3.5.

conocimiento de las áreas de aprendizaje que son de interés para el niño, y promover y no suprimir su potencial personal.
•Atender las necesidades inmediatas y futuras del niño en el contexto del entorno cultural, económico y social.
•Proporcionar un abanico razonablemente equilibrado de experiencias de aprendizaje, de manera que ningún aspecto del aprendizaje del niño sea enfatizado en detrimento de los demás.
• Desarrollar las habilidades personales y sociales del niño y prepararlo para ser un ciudadano responsable.
• Contribuir al desarrollo moral del niño.
•Ofrecer oportunidades al niño para que desarrolle sus capacidades intelectuales y de comprensión. Es importante el desarrollo y la progresión en el lenguaje oral, la alfabetización y la aritmética, que son vitales para otras áreas de aprendizaje y para que el niño participe en la sociedad y la vida cotidiana.

Control por parte de la administración[24]:
No queda definido. Pero sí se establece que la NEWB puede eliminar la inscripción de un niño en el registro si la familia no le ofrece una educación mínima.

Exámenes / titulaciones[25]:
Existen vías de acceso a exámenes oficiales a través de Vocational education committees (VECs) o las clases de adultos.
Se pueden acceder a las pruebas Junior (14-15 años) y Leaving Certificate (15-18) en cualquier escuela inscribiéndose en el centro escolar en enero del año en que se realizan los exámenes.

---

[24] Education Act (Welfare) 2000, PART III, art 15.
[25] State Examinations Comission. / Coimmission na Scrúduithe Stáit.

BÉLGICA / FLANDES (Enseignement à domicile) (Huisonderwijs, home education)

Situación: Legal. Existe la obligatoriedad de enseñanza de los 6 a los 18 años, pero no la escolarización. La legislación es diferente en Flandes y Valonia.

Normativa básica actual:
Loi belge sur l'enseignement à domicile du 29 juin 1983, CHAPITRE Ier, art.1, § 6. Wet betreffende de leerplicht, 1983 (Ley de educación obligatoria) y Besluit van de Vlaamse regering betreffende de controle op de inschrijvingen van leerlingen in het secundair onderwijs of in het stelsel van leren en werken, 1997. Wet betreffende de leerplicht, 1983. Hoofstuk I, Artikel 1. 3.

"Loi belge sur l'enseignement à domicile du 29 juin 1983, CHAPITRE Ier, art.1, § 6
Il peut également être satisfait à l'obligation scolaire par la dispensation d'un enseignement à domicile, pour autant que celui-ci réponde aux conditions à fixer par le Roi."
Ley belga de las enseñanzas en el domicilio
Se puede igualmente satisfacer la escolarización a través de la enseñanza en casa, que deberá cumplir con las condiciones fijadas por el Rey. [...]
"Wet betreffende de leerplicht, 1983. Hoofstuk I, Artikel 1. 3.
Huisonderwijs: het onderwijs dat verstrekt wordt aan leerplichtigen van wie de ouders beslist hebben om zelf dit onderwijs te organiseren en te bekostigen."
Ley sobre enseñanza obligatoria, 1983. Capítulo I, Artículo 1.3
Educación en el hogar: educación proporcionada en la edad escolar por parte de los padres que han escogido este tipo de educación.
Registro[26]:

---

[26] Besluit van de Vlaamse regering betreffende de controle op de

Sí. Cada mes de septiembre hay que rellenar el formulario de inscripción en la modalidad de educación en casa. Se trata de una "declaración de educación en casa".

Currículum[27]:
No hace falta seguir el currículum. Sólo hay que cumplir con estos dos requisitos:
1. La enseñanza debe basarse en el desarrollo total de la personalidad y aptitudes del niño y prepararlo para una vida activa como adulto.
2. La educación debe promover el respeto por los derechos humanos y los valores culturales del propio niño y de los demás.

Control por parte de la administración[28]:
La inspección puede controlar si la familia que educa en casa cumple los criterios anteriores. Los tutores están obligados a facilitar toda la información que el inspector pida para evaluar la enseñanza. En el caso de negarse a recibir esta inspección o si durante dos inspecciones seguidas no se cumplen estos criterios, los tutores estarán obligados a matricular al niño en una escuela reconocida. Después de que el niño esté escolarizado durante un año, se podrá volver a educar en casa.

Exámenes / titulaciones:
Existen exámenes libres para obtener certificados intermedios o títulos.

---

inschrijvingen van leerlingen in het secundair onderwijs of in het stelsel van leren en werken, 1997, Art. 14decies
[27] Wet betreffende de leerplicht, 1983, Art. 1.6.
[28] Wet betreffende de leerplicht, 1983, Art. 1.6.

DINAMARCA (Undervisning i hjemmet)
Situación: Legal.

Normativa básica actual:
Danmarks Riges Grundlov nr. 169 af 5. juni 1953 / Bekendtgørelse af lov om friskoler og private grundskoler Act No. 962 of 26 september 2008.
"Danmarks Riges Grundlov, § 76.
Alle børn i den undervisningspligtige alder har ret til fri undervisning i folkeskolen. Forældre eller værger, der selv sørger for, at børnene får en undervisning, der kan stå mål med, hvad der almindeligvis kræves i folkeskolen, er ikke pligtige at lade børnene undervise i folkeskolen."
Constitución danesa, artículo 76.
Todos los niños en edad de enseñanza obligatoria tienen derecho a la libre enseñanza en la escuela publica. Los padres o tutores que se encargan ellos mismos de que sus hijos reciban una educación, que debe estar al nivel de lo que se demanda normalmente en la escuela publica, no tienen la obligación de hacer que sus hijos estudien en la escuela pública.

Registro[29]:
Sí. Los padres deben informar a las autoridades locales, antes de empezar las clases, de que educarán en casa. Deben notificar qué niños y quien les enseñará.

Currículum[30]:
Hay que garantizar que los niños alcancen el mismo nivel en las materias que se dan en las escuelas públicas.
Control por parte de la administración[31]:

---

[29] Bekendtgørelse af lov om friskoler og private grundskoler, Kapitel 8, Undervisning i hjemmet m.v., § 34
[30] Bekendtgørelse af lov om friskoler og private grundskoler, Kapitel 8, Undervisning i hjemmet m.v., § 35
[31] Bekendtgørelse af lov om friskoler og private grundskoler, Kapitel 8, Undervisning i hjemmet m.v., § 35

El consejo municipal supervisa la educación de los niños educados en casa. Anualmente se pueden hacer controles en las siguientes materias: danés, aritmética / matemáticas, inglés, historia / ciencias sociales y ciencias. El objetivo es asegurar que estos niños tienen el mismo nivel que las escuelas públicas. Cualquier padre que eduque en casa debe estar de acuerdo con este punto.

1. Si la autoridad local considera que la enseñanza no es adecuada, los padres tendrán tres meses para solucionarlo. Si después de este tiempo no mejora, el niño será escolarizado en una escuela.
2. Si la autoridad local cree que la enseñanza es adecuada puede no supervisarlo.

Exámenes / titulaciones[32]:
Existe posibilidad de inscribirse en los exámenes finales públicos en las escuelas acreditas para ello.

PORTUGAL (Ensino doméstico) Situación:

Situación: Legal. La educación en el hogar está reconocida en Portugal desde el s XIX.

Normativa básica actual:
Constituição da República Portugues / Lei n.o 9/79 de 19 de Março Bases do ensino particular e cooperativo / Lei n.o 65/79 de 4 de Outubro, Liberdade do ensino / Decreto-Lei n.o 553/80 de 21 de Novembro / Lei n.o 85/2009 de 27 de Agosto, Despacho normativo no 24/2000 N° 109 - 11 de Maio de 2000 / Despacho normativo n.° 19/2008 / Despacho normativo n.° 18/2006 / Despacho n.° 19.944/2002, de 10 de Setembro / Despacho n°32/1977, de 21 de Março.
"Decreto-Lei n.° 553/80 de 21 de Novembro TÍTULO I Dos princípios gerais e da acção do Estado CAPÍTULO I.

---

[32] Bekendtgørelse af lov om friskoler og private grundskoler, Kapitel 8, Undervisning i hjemmet m.v., § 36

4 - ... é considerado:
b) Ensino doméstico, aquele que é leccionado, no domicílio de aluno, por um familiar ou por pessoa que com ele habite."
Decreto Ley n° 553/80 de 21 de noviembre TÍTULO I De los principios generales y de la acción del Estado CAPÍTULO I.
4 - ... se considera:
b) Educación en el hogar, aquella que se imparte en el domicilio del alumno, por un familiar o por una persona que con él habite.

"Constituição da República Portuguesa, TÍTULO III, Direitos e deveres económicos, sociais e culturais, CAPÍTULO II, Direitos e deveres sociais. Artigo 67° Família.
1. A família, como elemento fundamental da sociedade, tem direito à protecção da sociedade e do Estado e à efectivação de todas as condições que permitam a realização pessoal dos seus membros.
2. Incumbe, designadamente, ao Estado para protecção da família:
c) Cooperar com os pais na educação dos filhos;"

Constitución de la República Portuguesa, TÍTULO III, Derechos y deberes económicos, sociales y culturales, CAPÍTULO II, Derechos y deberes sociales. Artículo 67° Familia.
1. La familia, como elemento fundamental de la sociedad, tiene derecho a la protección de la sociedad y del Estado y al cumplimiento de todas las condiciones para la realización de sus miembros.
2. Incumbe en particular al Estado para la protección de la familia:
c) cooperar con los padres en la educación de los niños;

"Lei n.° 9/79 de 19 de Março Bases do ensino particular e cooperativo, CAPÍTULO I Disposições gerais ARTIGO 1.°
2. Ao Estado incumbe criar condições que possibilitem o acesso de todos à educação e à cultura e que permitam igualdade de oportunidades no exercício da livre escolha entre pluralidade de

opções de vias educativas e de condições de ensino.
3. É reconhecida aos pais a prioridade na escolha do processo educativo e de ensino para os seus filhos."
Ley nª 9/79 de 19 de marzo. Bases del enseño particular y cooperativo, CAPÍTULO I Disposiciones generales ARTÍCULO 1°.
2. Incumbe al Estado crear las condiciones que faciliten el acceso de todos a la educación y la cultura y permitir la igualdad de oportunidades para ejercer la libre elección entre una pluralidad de opciones, itinerarios educativos y condiciones de enseñanza.
3. Se reconoce a los padres la prioridad en la elección del proceso educativo y de la educación de sus hijos.

Registro[33]:
Sí. Cuando los niños alcanzan los 6 años, los padres deben inscribirlos en una escuela pública, privada o cooperativa bajo el régimen de ensino doméstico en los plazos marcados por la ley. La matrícula se realiza anualmente de forma presencial o telemática. En cualquiera de los dos casos, las familias tienen que marcar la casilla de ensino doméstico del formulario de matrícula.

Requisitos[34]:
A los padres se les exige tener superada la etapa superior a la que va a cursar el alumno (si el alumno va a cursar primaria, ha de tener secundaria, etc.). La persona responsable de la educación y el alumno deben tener una relación de consanguinidad de hasta 3er grado o bien vivir en la misma unidad familiar.

Currículum:
Depende de la región.

---

[33] Lei n.o 85/2009 de 27 de Agosto. 3 y Despacho normativo no 24/2000 no 109 - 11 de Maio de 2000. f.
[34] Despacho no 32/1977, de 21 de Março

Control por parte de la administración y exámenes o titulación[35]:
El control tiene lugar en los exámenes de final de ciclo y no se establece una inspección muy rigurosa más allá de ellos. Si no se supera uno de ellos, se debe repetir al año siguiente. No está contemplada la escolarización obligatoria por no superar los exámenes.
Hay exámenes:
• Al final de cada ciclo. Realizados normalmente en la escuela por el "consejo de docentes" del distrito escolar de la zona de residencia del alumno. Se debe valorar el dosier educativo que el alumno trae de casa así como el examen que se ha realizado. En la evaluación está presente la persona que se hace cargo de la educación del niño.
• En Secundaria, en el 10o, 11o y 12o año, hay exámenes obligatorios sujetos al régimen de exámenes finales. Las materias son las mismas que en la escuela.
Se accede a los títulos con normalidad dado el sistema de exámenes.

ITALIA (Instruzione parentale)
Situación: Legal.

Normativa básica actual:
Costituzione, articoli 30, 33, 34, Decreto Legislativo 16 aprile 1994, n. 297, Circolare n. 74, 21 dicembre 2006, Prot. n. 11668, art.9.
"Decreto Legislativo 16 aprile 1994, n. 297, Art. 111.1.
All'obbligo scolastico si adempie frequentando le scuole elementari e medie statali o le scuole non statali abilitate al rilascio di titoli di studio riconosciuti dallo Stato o anche privatamente, secondo le norme del presente testo unico."

---

[35] Despacho normativo n.o 19/2008 1.6 c. a., Secçao II 10, 10.1, 10.3 c, Anexo III Secçao I a, b, 1.5/1.5-2 a,1.6.2 y Despacho Normativo no 18/2006. 48

Decreto Legislativo de 16 de abril de 1994, n. 297, Art 111.1.
La obligatoriedad de escolarización se cumple asistiendo a la escuela elemental y media estatal, o a la escuela no estatal habilitada para otorgar titulaciones reconocidas por el estado, o también privadamente, según la norma del presente texto.

Registro[36]:
No es necesario un registro explícito. El padre o madre comunica anualmente a la autoridad competente su decisión de optar por esta vía.

Requisitos[37]:
Los padres del menor o quien ostente la tutoría que deseen prestar privada o directamente la educación del menor deben demostrar que tienen la capacidad técnica o económica cada año de llevarlo a cabo, y notificarlo a las autoridades competentes.

Currículum:
En principio existe libertad curricular. El que quiere examinarse debe seguir el currículo estatal y el que no quiere examinarse no se ve obligado a ello.
Control por parte de la administración[38]:
En algunos casos, algunas familias tienen la visita de los inspectores que, si comprueban que en casa se sigue algún tipo de educación, no abren expediente. Aparentemente, sólo puede procederse contra una familia en el caso de riesgo grave para el menor, no por desescolarización. Hasta ahora no ha habido ningún caso judicial.

Exámenes / titulaciones[39]:

---

[36] Circolare n. 74, 21 dicembre 2006, Prot. n. 11668, art.9
[37] Decreto Legislativo 16 aprile 1994, n. 297, art.111.2.
[38] Circolare n. 74, 21 dicembre 2006, Prot. n. 11668, art.9

Los niños que lo desean pueden examinarse por libre en condiciones de igualdad y obtener así la titulación correspondiente.

La única consecuencia en caso de no aprobar los exámenes es la no superación del curso correspondiente. Los niños que no acceden a examinarse no obtienen la titulación oficial.

AUSTRIA (Häuslicher Unterricht)

Situación: Legal.

Normativa básica actual:
Wiederverlautbarung des Schulpflichtgesetzes, 1985 (Ley de la escolarización obligatoria, 1985).
"Wiederverlautbarung des Schulpflichtgesetzes, Abschnitt I, C, § 11.2.
Die allgemeine Schulpflicht kann ferner durch die Teilnahme an häuslichem Unterricht erfüllt werden, sofern der Unterricht jenem an einer im § 5 genannten Schule [...]."
Ley de educación obligatoria, Sección I, C§ 11.2. La escolarización obligatoria se cumple también con la educación en casa, siempre que la instrucción sea al menos equivalente a la enseñanza en los colegios según §5 [...].

Registro[40]:
Los padres presentarán una solicitud para educar en casa en una oficina del Departamento de Educación. Si el Departamento lo aprueba, la familia podrá dirigirse a una escuela para pedir los libros.

---

[39] Nota prot. n. 777 del 31 gennaio 2006
[40] Wiederverlautbarung des Schulpflichtgesetzes, Abschnitt I, C, § 11.3

Currículum:
El currículum oficial es la base para los exámenes de cada curso. La metodología usada es competencia de cada familia.

Control por parte de la administración y controversias[41]:
El control se establece a partir de los exámenes anuales de fin de curso.

Exámenes / titulaciones[42]:
Los padres elegirán una escuela para pasar los exámenes de fin de curso. Si el alumno aprueba, podrá continuar con la educación en casa; si suspende, será escolarizado y obligado a repetir curso.

---

[41] Wiederverlautbarung des Schulpflichtgesetzes, Abschnitt I, C, § 11.4
[42] Ibíd

ANEXO II

Para hacernos una idea sobre esta particular visión de un tipo de feminismo, veamos qué se encontró nuestra amiga Madalen Goiria, profesora titular de Derecho Civil de la Universidad del País Vasco, cuando fue a defender su tesis doctoral bajo el título "La opción de educar en casa. Implantación social y encaje en el ordenamiento jurídico español del homeschool". He aquí una de las primeras reacciones de una de las mujeres que integraban el tribunal:

> "La familia es el espacio natural de la dominación. Le preocupa [a la integrante del Tribunal] la falta de socialización del menor educada en el hogar"[43]

Continúa.
> "Incide en dos aspectos que considera negativos de la tesis:
> Que carece de perspectiva de género. Que no tiene en cuenta el feminismo. Aún así, considera positivo que se analice el fenómeno porque está ahí.
> Le preocupa tanto desde un punto de vista

---

[43] https://madalen.wordpress.com/2012/11/29/8902/

ideológico, como desde un punto de vista jurídico"[44]
Atención que ahora viene lo bueno.

"Desde un punto de vista ideológico, fijándose en el grupo de los rebeldes de la taxonomía de motivos, aquellos a los que denomina padres y madres africanos, los que siguen la Crianza Natural, que se convierten al final en una corriente antifeminista que niega a la mujer la posibilidad de incorporarse al mercado de trabajo por practicar una maternidad centrada en el menor de manera intensiva,"[45]

Alegaciones que contrastan con el análisis cualitativo realizado por otro académico, el Dr. Carlos Cabo, que en su tesis doctoral "El homeschooling en España, descripción y análisis del fenómeno", hizo una radiografía del movimiento homeschooler.

"2. El homeschooling español, al igual que en el resto del mundo, se caracteriza por ser un movimiento esencialmente promovido y gestionado por mujeres. De ellas suele partir la idea de educar en casa (son raros los casos en los que la iniciativa parte del hombre); ellas son las que asumen esta función, con el beneplácito y apoyo, casi siempre selectivo, de sus parejas, lo que hace que esta práctica educativa se englobe dentro del modelo de educación maternalista (Torío, S; Inda, M. y Peña J.V., 2008, y Torío S.; Peña, J. V. y Rodríguez, M.C., 2008)

Esta prevalencia de la mujer en la práctica de la educación en casa se da en todas las edades y contextos.

En muchos de los casos la educación en casa se produce porque tira de ello la mujer. Cuando esta iniciativa parte del hombre, entonces resulta que la educación en casa no se produce. Cuando es el padre el que toma la iniciativa esta opción no suele llegar a

---

[44] Ibíd.
[45] Ibíd.

buen puerto. (Entrevista a Xavier Alà. 8 de enero de 2009)."[46]

Y continúa un poco más adelante.

"Sin embargo, no todo se explica desde lo puramente cultural. También se esgrimen razones de tipo biológico para justificar la mayor carga que ellas asumen en la crianza de sus hijos.
[...] Parecía más lógico [quedar en casa], mientras las criaturas fueran pequeñas, para ser más coherentes con la lactancia y todo este tema. (Ferrer, A. Educar en Familia, un repte que genera passió.)
Estamos convencidos de que la inmensa mayoría de las madres homeschoolers, por no decir la totalidad, se identifican con lo expresado por la Red AMARYI, en el "Manifiesto para la recuperación de la maternidad" (2006), donde se habla de la maternidad como una función esencial en la vida de las mujeres y, la relación que se establece entre la madre y el niño en el primer año de vida, como una especie de simbiosis indisoluble entre dos personas.

> En nuestra cultura, aún hoy, a través de la educación que recibimos en la llamada sociedad del conocimiento y de la información, se nos oculta, tergiversa, frivoliza o censura el hecho de que la maternidad es una etapa de la vida sexual de las mujeres, pues existe un deseo materno entrañable, que es una pulsión que nace en nuestros cuerpos. Ignoramos que este deseo de la madre y las pulsiones de la criatura se inducen recíprocamente para dar lugar a una simbiosis, que es una unidad que se mantendrá alrededor del primer año de vida después del parto; que las funciones fisiológicas básicas durante este

---

[46] http://encina.pntic.mec.es/jcac0007/indice.htm (IV ANÁLISIS CUALITATIVO. 2)

> periodo se regulan mutua y sincronizadamente; y que por eso, la separación prematura y artificial madre-criatura y la falta de cuerpo a cuerpo con la madre durante la etapa primal de nuestra vida, nos afecta patológicamente de diversas maneras, a corto, medio y largo plazo. En definitiva, tras los acelerados cambios sociales globales que desde el mercado de trabajo y consumo condicionan nuestra vida cotidiana, siguen sin replantearse directa y equitativamente las causas y consecuencias sociales destructivas, de esa falta o vacío de maternidad entrañable. (Red AMARYI (2006), p. 13)

Se utilizan, así mismo, razones que navegan entre la psicología y la genética, y que afirman que la estrecha relación que se establece entre madres e hijos procede de una especial voluntad y de una particular capacidad, imaginamos que innata, que tienen ellas para relacionarse con ellos.

> Es cierto que en el colectivo de quienes educamos en casa, las que llevan la batuta suelen ser mujeres y no creo que sea ni peyorativo, ni que quiera decir que seamos unas esclavas de la situación, ni que estemos en segundo lugar, recluidas en las casas, ni que sea una decisión sexista. Al menos intencionada. Simplemente nos vemos con más ganas, con más facilidad. (Ferrer, A. Educar en Família, un repte que genera passió. El texto en negrita es del autor)

Sea como fuere, lo que es una realidad es que dentro del homeschooling son las mujeres las que asumen la mayor responsabilidad de la educación de sus hijos y lo hacen de forma voluntaria, a pesar de que, en ocasiones, reclamen una mayor implicación y participación de sus parejas."[47]

Para acabarnos de hacer una idea también podemos observar lo que dijo otra mujer integrante del tribunal que evaluó la tesis doctoral de Madalen Goiria.

> "Dos aspectos que aparecen en la tesis le preocupan en relación al homeschool:
> ...
> 2. Le preocupa que caiga toda la responsabilidad educativa sobre las madres, de manera que éstas pierdan las oportunidades laborales, que se derivan de quedarse en casa.
> ...
> Finalmente se pregunta cómo se hace frente a educar en casa y trabajar fuera de casa. ¿Cómo se compatibilizan ambos en la práctica?"[48]

De todo esto deduzco que desde estas esferas se da poco o ningún valor a que la mujer lidere, incluso de la manera descrita por C. Cabo, un tema tan capital como el homeschooling. Como tampoco parece dársele ningún valor positivo, sino todo lo contrario, a un trabajo que pese a no generar dinero conlleva una enorme inversión de tiempo y esfuerzo, y un enorme retorno. Comparable con cualquier otra actividad productiva de primer orden. Además de obviar directamente la importancia de lo que se está hablando, la educación de los hijos, equiparándola con una tarea molesta, tediosa y en general secundaria, "que las distrae de otras actividades más importantes".

Por último veamos lo que dicen los integrantes masculinos del tribunal.

> "Se pregunta si todas las personas están capacitadas para educar en casa. ¿Quién puede hacerlo? ¿Quiénes tienen medios económicos? ¿Quiénes tienen una base

---

[47] Ibíd.
[48] https://madalen.wordpress.com/2012/11/29/8902/

cultural suficiente?

Finalmente puede convertirse en un fenómeno elitista"[49].

He comprobado empíricamente que este argumento casi nunca emana de gente que a duras penas llega a final de mes. La razón, la ignoro.

Como contestación veamos simplemente los datos con los que se encontró el Dr. Cabo en su investigación. Gráfico 18. Los ingresos mensuales netos de las familias homeschoolers (ingresos individuales)[50]

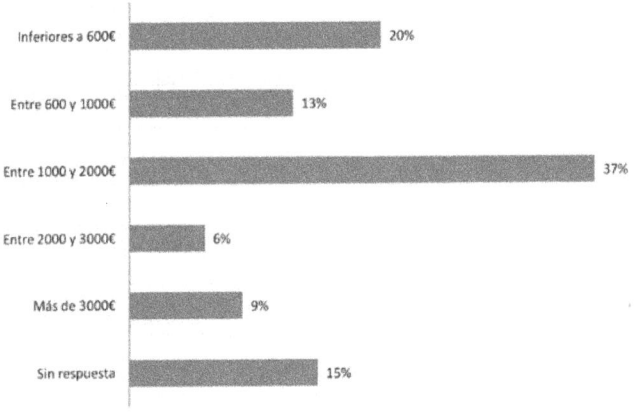

---

[49] Ibíd.
[50] http://encina.pntic.mec.es/jcac0007/indice.htm III Análisis cuantitativo 1. Los padres

Joan Escriu

NOSOTROS, LOS HOMESCHOOLERS

www.ingramcontent.com/pod-product-compliance
Lightning Source LLC
LaVergne TN
LVHW091259080426
835510LV00007B/331